Михаил Немцев

ТАК МЫ УЧИЛИСЬ ГОВОРИТЬ О СМЕРТИ. ДНЕВНИК 2022-2023 ГОДОВ

The Historical Expertise
Кишинев
2024

УДК 82-43
ББК 84(2Рос)
Н50

Немцев М.

Н50 Так мы учились говорить о смерти. Дневник 2022–2023 годов. — Кишинев : The Historical Expertise, 2024. — 88 с.

УДК 82-43
ББК 84(2Рос)

На обложке книги:

1) «И страшно из дома и страшно домой». Работа Владимира Абиха, текст Александра Вавилова. Ереван, март 2022,

2) «Идёт *****». Работа Михаила Маркера. Санкт-Петербург, декабрь 2022 (https://www.instagram.com/p/Cl-tWkyogPB/?img_index=1)

3) «Нет вобле!». Работа неизвестного автора. Осень 2022

4) «Папы должны защищать. Ты нужен там». Вербовочный плакат в Благовещенске. Лето 2023

На задней стороне обложки —автор книги М. Немцев.

Ереван, ул. Кургинян, апрель 2022. Фото Анны Соколовой

ISIA Media Verlag, 2024
ISBN 978-3-910741-87-4

Один сказал:
— Не больше и не меньше,
как начался раздел Польши.
Второй
страстно захохотал,
а третий головою помотал.

Четвёртый,
за, за, заикаясь, преподнёс:
— Раздел. Красотку. И в постель унёс.

Так мы учились говорить о смерти.

Ян Сатуновский, 1940

Эти записи были сделаны в период с апреля 2022 по июль 2023 года — в Телеграмме, Фейсбуке и «у себя». Никакого помышления опубликовать их потом как «дневник» у меня тогда не было. Я хотел участвовать в обсуждениях происходившего с нами и и записывал мысли о происходившем, стараясь переводить эмоции в суждения.

Эти записи были начаты после отъезда из России, на кухоньке наспех снятого на окраине Еревана дома. Летом 2023 года я вдруг увидел: эти записи стали своеобразным дневником под-военного времени.

В начале помещён текст выступления в цикле «Время повседневности и время событий» ютьюб-канала российского фонда «Либеральная миссия» (https://youtu.be/xcFtvlEud8Y), записанное по приглашению Ирины Чечель (Варской) в начале апреля 2022 года: это была моя первая попытка *публичного* обсуждения «**что и почему произошло**». Цель собранных в этой книжке записей — лучше разобраться в этом. Сейчас они позволяют вспомнить: о чём спорили в первые полтора года российско-украинской войны. При публикации я их минимально отредактировал. Ещё добавлены ссылки на упоминаемые тексты и ещё несколько уместных комментариев.

Сейчас, хотя не так много времени прошло, уже трудно с уверенностью припомнить, что именно переживалось, о чём хотелось думать и говорить, скажем, осенью 2022 года. Забываются даже не сами темы, сколько поводы для них, интонации, атмосфера. Поводы и настроения меняются, первыми исчезают те интонации. Именно поэтому я решил, что эти заметки заслуживают опубликования в таком виде.

Прямо о «*смерти*» мы тогда говорили мало. Но и персонажи стихотворения Сатуновского о ней не рассуждают. Но разговоры в сетях и наяву, которые в этих заметках отражены, все они случались в присутствии массового убийства, почти где-то рядом с ним — поэтому они были действительно школой самообучения разговоров о ней, едва ли и теперь кем-то вполне уже пройденной. Благодарю издательство «Нестор-История». В те дни, как и всегда, моя жена Анна была для меня самой важной собеседницей.

Михаил Немцев, ноябрь 2023

«Без любви ничего не получится»*
(апрель 2022)

Сказать, что за последние месяцы произошла катастрофа, — значит произнести банальность. Да, в конце февраля мы оказались внутри катастрофы. Она продолжается, и поэтому мы даже не можем увидеть толком, где мы находимся. Это тоже вполне понятно. Со временем у этой катастрофы обнаружится очень много измерений и проявлений. Одним из них станет раскол российского общества и той части глобального общества, которая заинтересована в происходящем в России.

Я думаю, что в глобальном масштабе эта российская катастрофа — всё-таки незначительное событие. Что происходит в Украине сейчас и что за этим последует, конечно, в глобальном масштабе гораздо важнее (я выражаюсь так неопределённо, потому что я предупрежден о невозможности использования некоторых слов в этом публичном выступлении). Всё это будет привлекать бóльшее внимание. А происходящее в России, естественно, будет восприниматься как некое его следствие или необязательное приложение. И это будет справедливо.

Что же уже произошло? **Россия не просто отказалась от творческого со-участия в мировой истории. Она отказалась, если можно так назвать, от участия в мировой истории духа.** Так называемая «глобальная цивилизация» (в очень широком смысле слова «цивилизации») куда-то движется, а наше общество, предводительствуемое людьми, для которых у меня нет добрых слов, наметило перпендикулярный маршрут. Оно потерпело не просто поражение — оно оказалось внутри катастрофы.

---

* «Без любви ничего не получится» — строка из стихотворения Александра Бреннера.

Может быть, это — заслуженный результат наших действий и бездействий за последние как минимум двадцать лет.

Как именно я думаю об этом сейчас?.. Я родился в 1980 году, соответственно, я принадлежу к тому поколению, которое можно считать последним советским поколением. Это те, кто ещё были пионерами, но уже не были комсомольцами. И судьба моего поколения в этих условиях особенно плачевна. Мы ведь росли в обществе, которое становилось всё свободнее и свободнее. Это были 1990-е, потом — начало 2000-х годов. Мы заканчивали школы, университеты, кто-то шёл служить в российскую армию, кто-то туда по разным причинам не шёл. Мы работали, мы учились читать и писать статьи, книги. Те, кто не занимались интеллектуальным трудом, учились честно делать ремонт, создавать бизнесы, осваивать новые технологии и т. д., — надо уточнить, что учились и преодолевать сопротивление назначенных государством чиновников, при этом ещё и делать какое-то своё дело честно, насколько это возможно. Про тех, кто делал его нечестно, я говорить не буду, это неинтересно. Но ведь множество людей прожили половину жизни, всё-таки стараясь хорошо делать нужные дела и для этого прилагая усилия. Важно прилагать усилия, чтобы жить по-настоящему.

Эти люди оказались вынуждены пересматривать опыт нашей сознательной жизни в поисках ответа на вопрос, что мы сделали не так. И ответ приходит довольно быстро. Ответ простой. **Мы были заняты собственной жизнью, и мы слишком мало думали о жизни других.**

Я полагаю, что, наверное, классическая политическая теория слишком большое значение придавала индивидуальному действию, и слишком малое значение придавала действию за других или ради других, действию заботы. Мы вполне могли ещё представить себе какое-то коллективное объединение, чтобы добиваться удовлетворения каких-то претензий, или добиваться решения чиновников в свою пользу. И очень медленно в России накапливался опыт коллективных действий. Ну и откуда бы вообще ему взяться так вот сразу. Чтобы научиться действовать вместе, нужно получить опыт удач и неудач, обдумать его и действовать дальше. На это нужно время. Нужно успеть. Такой болезненный опыт вообще накапливается с трудом.

У поколений старше нас такой опыт просто отсутствовал, потому что они выросли в таком обществе, где любые коллективные политические действия (не просто самодеятельность, а политическая самодеятельность) государство рассматривало как угрозы и подавляло. Поколения, которые идут после нас, поколения наших детей, им уже, наверное, должно быть понятнее, как это делать. А наше поколение застало Советский Союз, но наша юность и молодость пришлись на 1990-е и начало 2000-х гг., и мы помним, как тогда можно было жить, и сейчас уже та жизнь кажется чем-то совсем инопланетным. Но мы помним, что так можно было. Так вот мы жили, оформляли сами себя, понемногу учились пользоваться свободой, слушали какую угодно музыку, писали, о чем хотели, статьи, вели блоги и т. д. Говорили о чем угодно и с кем угодно и даже ездили, кто куда хотел. Мы тогда слишком мало думали о других. О себе — да, но не о том, чтобы выступить в поддержку других людей, чтобы помочь другим, поддержать других, даже тех, с кем нет родственных или дружеских связей. Это было за пределами нашего политического общественного воображения.

Я говорю «мы», чтобы не возникло даже видимости, что я говорю как наблюдатель. Я сам такой был. Я думаю о том, что эта катастрофа стала результатом недостатка любви.

Придётся, наверное, поправить теории политического активизма, ввести в них такое измерение как любовь. Мы знаем, что классический фашизм очень хорошо усваивает аргументацию к любви и взаимопомощи, превращая их в ресурс для образования толп и всякого рода массовых движений. Но я не имею в виду любовь к вождю, к силе и к сапогу, наступающему на лицо того, кто слабее. Я имею в виду как раз ту любовь, о которой идёт речь в Евангелии. Когда другой — это ты сам, и чужая боль является твоей болью, моей болью.

Эта любовь долгое время была за пределами политического интеллектуального воображения жителей нашей страны, нас, нашего поколения тоже. То есть мы, конечно, могли говорить о своих и чужих интересах, бесконечно спорить о своём и чужом, кто чего хочет, кто прав, а кто не прав, «был ли покойный нравственным человеком» и т. д. Когда нужно было за кого-то заступаться, или нужно кому-то было давать отпор вместе, этого не происходило. Мы не учились этого делать, поэтому не знали, как это делать. Были опыты, конечно, я не буду говорить, что этого не было совсем. Бывали и массовые приступы сострадания. Просто эти опыты в масштабах всей большой страны, в масштабах исторического времени оказывались разовыми акциями, локальными историями, которые не сцеплялись друг с другом в какой-то единый связанный фронт взаимного действия. И мы упустили это.

Почему? Сейчас, думаю, обсуждать это ещё рано, потому что катастрофа ещё даже толком не началась. Всерьёз она начнётся, когда те, кто сейчас делает выбор в пользу лжи и ненависти, начнут принуждать к лжи и ненависти других. Вот тогда начнётся настоящее противостояние. Это будет уже скоро. Тогда мы и рассмотрим катастрофу во всей её многообразной чудовищности, но тогда и придёт время для настоящей рефлексии. Сейчас мы только-только подгребаем к этому. Но, пожалуй, отсутствие любви, заботы и способности пострадать за других нельзя теперь как бы сбрасывать со счетов, как бы вычёркивать их из списка факторов, которые привели нас туда, где мы теперь находимся. Когда надо было во время уличных демонстраций отбивать у полицейских тех, кого они свинтили, мы прекрасно понимали, что свинченные люди такие же как мы, но мы этого не делали, потому что боялись за себя.

Когда надо было жертвовать деньги на помощь политическим заключённым, мы это делали. Но ведь это было легко. Интернет позволяет сделать такое пожертвование просто за пару минут и даже вскоре забыть о нём. А вот своими физическими силами вкладываться в помощь, куда-то идти, участвовать в каких-то рутинных организационных собраниях, придумывать, как заставить каких-то депутатов, скажем, вмешиваться в ситуацию, как влиять на принимаемые ими решения, делать всё это, чтобы **систематически** отстаивать интересы других, тех, кто страдает, нам было неинтересно. Нам было страшно. Неинтересно и страшно одновременно.

Конечно, мы все когда-то читали, что «*совершенная любовь изгоняет страх*». Но совершенный страх изгоняет любовь. Вот это соотношение любви и страха были как-то сильно перекошено в сторону страха. Можно здесь обойтись без евангельских цитат, и просто вспомнить, как это было. В течение нескольких лет было множество ситуаций, множество простых бытовых решений, когда мы выбирали действовать в своих интересах, а не в чужих интересах. Споры об этом сейчас кажутся нелепыми. Они и тогда были нелепыми. Но спорить и стоять на своём было легче, чем думать о других, о чужой боли, о чужом страдании и практиковать деятельную любовь к другому человеку. Вот это понимание мне кажется перспективным для дальнейших размышлений и действий.

Конечно, можно сказать, что этим действиям теперь на выжженной земле нужно будет учиться заново. Вероятно, так оно и есть. Нужно искать новые способы говорить об этом. Но мы долго шли к тому, чтобы оказаться в тупике. И если из этого тупика будет найден выход, то совершенно точно им не может стать продолжение движения в ту же сторону, только немного по-другому. Уже сама эта невозможность свидетельствует о том, как далеко зашло дело, и куда нужно будет возвращаться. Нужно будет возвращаться хотя бы к тому, чтобы говорить о своём и о своих чувствах, переживаниях, о своих идеях и ценностях в полный голос без оглядки.

Но чтобы говорить об этом без оглядки, нужна смелость. Вот такая **смелость и любовь — это, пожалуй, две практические ценности, которые были как-то упущены за все эти годы.** И мы должны будем, повторюсь, научиться смело говорить о любви и бороться за других людей, лишь потому что другие люди страдают, и мы должны им помочь.

Я не говорю здесь о благотворительности и о разных неполитических проектах помощи другим. Это все, конечно, было. Это всё было нужно и правильно. Опыт такой работы нужен и очень важен. Я сейчас говорю именно о **политическом взаимодействии ради помощи другим людям**. Эти люди могут лично нам не нравиться, могут быть неприятны, но без того, чтобы научиться этому, дальше будет совсем невозможно. Понятно, что сейчас даже невозможно представить, какие руины останутся после. Люди, которые много лет учились называть вещи не своими именами, называть горькое кислым, круглое плоским, квадратное зелёным, а зелёное вообще игнорировать, возможно, не смогут вернуться к обычному использованию русского языка уже никогда. Нельзя даже говорить о любви, если язык настолько пропитан ложью. Возможно, появится какая-то специальная терапия. Сейчас, кажется, такой терапией некому заниматься, и даже нельзя представить, как она могла бы быть устроена.

Тут некоторые интеллектуалы любят упоминать опыт пост-нацистской Германии. Но всё-таки ситуация в Германии, когда та наконец-то была поражена в 1945 году и лежала в руинах, была значительно другой. Я не знаю, кто и как мог бы сейчас заниматься массовой терапией неспособности называть вещи своими именами. Может, найдутся какие-то методы. Но, по большому счёту, придётся каждому спасать себя самому. И вот когда мы будем учиться говорить о происходящем своим языком, — не заёмным у политиков, не тем, к которому нас принуждают идеологи, а собственным языком называть чёрное — чёрным и т. д., тогда нужно будет как-то научиться говорить всерьёз, без иронических кавычек, о том, что есть человеческая боль, есть страдания, что нужно быть внимательными к ним и нужно учиться прилагать усилия, чтобы помочь другим людям. Нужно быть готовым даже иногда рисковать собой для того, чтобы помочь другим.

Пожалуй, ***именно этому нельзя научиться без того, чтобы не думать о любви.*** Может быть, один из важнейших текстов в этом смысле, которые появились с 2014 года, эта та самая песня Бориса Гребенщикова «Любовь во время войны». Там довольно-таки наивный текст, вероятно, расчётливо наивный, и он, я думаю, именно об этом: возможна ли любовь во время войны?

Так вот, по-моему, думать о такой любви сейчас гораздо важнее обычных наших тем. Язык политических коммуникаций, идеологий, разные интеллектуальные инструменты преодоления текущих тенденций и так далее: всё это достойные темы, но они сами должны быть инструментами для самого главного. Об этом главном я и пытался сейчас сказать. Спасибо.

ДНЕВНИК АПРЕЛЯ 2022 — ИЮЛЯ 2023

03.04.22

О БУДУЩЕМ РОССИЙСКОГО САМОСОЗНАНИЯ. Россия, как известно, преимущественно молчит. Страна молчащего большинства. Но это и страна, где «все всё понимают», где полицейские могут задержать за невидимый плакат. Общество анекдотов о раздаче пустых листовок.

Можно себе представить, что эта война в этом году закончится. Россияне будут много лет жить с непризнанием, с молчанием о делах, которые совершает российская армия в Украине весной этого года (и мы ещё не знаем сейчас, как далеко всё зайдёт). Потому что это уму непостижимо, потому что нельзя об этом говорить, потому что стыдно об этом даже думать, и потому, что в России только начинает проявляться ещё одно последствие катастрофы 24 февраля, начинает резко нарастать страх (вообще всего), а к такой жизни-в-страхе ещё привыкать и привыкать (многим) и в этот период — не до публичных прояснений завалов недавнейшего прошлого...

Кроме того. Само существование Украины будет для россиян минимизировано. Из учебников уже убирают всякое упоминание об этой стране. Туда не будут летать самолёты, возможно, почти не будут ходить поезда, и вполне себе можно будет жить, будто Украины вовсе и нет. Это виртуальное вычёркивание Украины из числа существующих стран даст жителям нашей страны благоприятную возможность избегать вообще каких-либо моральных проблем в отношении к (происходящему сейчас). У россиян будут все возможности много лет размазывать кашу по тарелке. Будет массовое конструирование такой фигуры мысли: *да, мы это сделали, но не надо на нас наезжать, мы тут ни при чём!* Вроде как одновременно и да, и нет. Если не приходится проговаривать свою позицию вслух, такая самопротиворечивая фигура мысли может существовать неопределённо долго.

Это будет долгое последействие войны. Как подготовиться?...

13

* * *

07.04.2022

По поводу обсуждаемого и осуждаемого в эти несколько дней идеологического шедевра Тимофея Сергейцева «*Что Россия должна сделать с Украиной*»* (уверен, он войдёт в хрестоматии) хочу обратить внимание на то, что всё описываемое — как Россия должна изнасиловать Украину и т. д., — происходит как будто в пустоте. Там у него подразумевается пустое пространство, где имеются Россия, Украина, и в качестве декорации, некоего задника — «*объединённый Запад*». В этой воображённой им пустоте Россия мордует Украину, как считает нужным, не менее тридцати лет, не только не ожидая союзников и чьего-либо понимания, но и нуждаясь в них. Не только со стороны «Запада», который, по мысли автора, уже «*проиграл в борьбе за самого себя*», но и вообще ни с чьей.

Автор считает, что можно распланированную им оккупацию представить как деколонизацию. Но кому представить? Странам, которые «Запад» «*угнетал столетиями*» и которые могут надеяться, что Россия придёт и опять спасёт их (от этого «Запада», — потому что, цитирую, «*без русского жертвоприношения и борьбы эти страны бы не освободились*»). То есть всё пространство Украины в его воображении предстаёт демонстрационной площадкой «борьбы с "Западом"» — теми геноцидальными методами, которые он так подробно расписывает, — и этой демонстрации достаточно, чтобы и возглавить деколонизацию. И кстати, даже чтобы жители Украины поняли, в чём правда, очнулись, так сказать, от дурмана, и прильнули б к оккупационным силам.

Весь этот процесс геополитического изнасилования предстаёт Сергейцеву *в чистой бессловесности*. Тридцать лет весь мир молча взирает на сцену, где Россия расправляется с Украиной, а само её население — это такой пластилин, который можно и нужно вылепить во что-то, что Т. Сергейцев потом признает правильным. В этой пустоте нет места ни убеждению, ни аргументации, ни какой-либо морали, совести и т. д. Потому что там не с кем и не о чем говорить. Это очень

---

* Сергейцев Т. Что Россия должна сделать с Украиной (03.04.2022) // РИА-Новости. URL: https://ria.ru/20220403/ukraina-1781469605.html.

характерный для современной российской идеологии солипсизм. Он (сейчас завершу известной всем специалистам банальностью), кстати, принципиально отличает её от советской идеологии. У той был «-изм», который можно было хоть как-то риторически отстаивать в каком-то диалоге с кем-то.

Сергейцев приглашает в реальность, где вообще нет никакого мира (мiра, как любят писать некоторые «методологи»). То есть самого человечества. Разумеется, сложно от человечества ожидать симпатии к тем, кто отрицает само его существование.

* * *

ЧИТАЯ НОВОСТИ. В Новосибирске по разнарядке свезут студентов всех вузов на концерт, посвящённый формированию позитивного настроя. Перед ними выступит группа «Смысловые галлюцинации».

* * *

Похоже, что в России мы наблюдаем фактически кризис государственной идеологии, которую идеологи выстраивали сколько-то лет, после 2012-го, они её выстроили, — и теперь сложность ей не нужна, поскольку идеологические институты реактивны по отношению к ситуации на фронте, плюс объем предзаданной лжи и умолчаний, и это означает, что они сливаются между собой до неразличимости.

Фактически в публичном пространстве не нужны теперь ни СВОП, ни Изборский клуб, ни перепосты из генерала СВР, ни Сурков, достаточно выступлений Лаврова или там Захаровой, и все эти идеологические интеллектуалы превратились в их комментаторов, залезли в сужающийся тоннель бесконечной «денацификации» и «борьбы с коллективным Западом», и далее всё, всё…

Даже соловьёвские разговорно-орательные шоу избыточно интеллектуальны для новой, очень простой идеологической комбинации.

* * *

Единственный Бог, в которого я могу верить — это бог, которого грабят, насилуют и убивают (когда где, вот сейчас — где-то в Мариуполе…) Сегодня мы празднуем Его воскресение.

15

* * *

05.05.2022

РЕССЕНТИМЕНТ. По-видимому, рессентимент — из ряда аффектов, необратимо меняющих восприятие реальности. Как травма или предательство.

Рессентимент: сочетание обиды с воображаемой расправой (фантазмом расправы) за эту обиду, которую осуществит кто-то другой, властный и неподкупный. Это восстановление справедливости будет окончательным. Поскольку непреодолимым. И оно расставит всех и всё по местам.

Воспроизводят рессентимент и мечты о распаде «коллективного Запада» у одних, и мечты о «Гааге» для российских военных преступников — у других. У первых «Западу» отомстит некая абстрактная геополитическая закономерность. У вторых — неконкретный «Запад» придёт навести порядок.

 Война, весь этот кризис, обостряет вопрошание о будущем. А там, в будущем, и обитает рессентимент во всей своей убедительности.

* * *

17.05.2022

Концепция, что СССР в 1941–1945 воевал не столько против нацистов и стран Оси, сколько вообще против всей *«объединённой Европы»,* кажется, совсем не использовалась в советской пропаганде. Нацистской идеологеме «объединённая Европа против восточного варварства и западного капитализма» (сокращённо «Европейская крепость» или «крепость Европа») противопоставлялась фундаментально важная для послевоенной Европы и для СССР концепция «двух Европ» при нацистах: одной — оккупированной и подвластной, другой — «сражающейся» антифашистской (её олицетворял в известном фильме пастор Шлаг). Европу периода Второй мировой войны считали фундаментально разделённой. Поэтому Илья Эренбург мог писать *«имена… героев Красной Армии повторяют и рыбаки Бретани, и пастухи Греции»*.* Концепция «объединённой Европы», в прошлом — одна из принципиальных идей нацистской пропаганды, не оставляет места сопротивлению.

____

* Эренбург И. О патриотизме (14 июля 1942) // Эренбург И. Война. Апрель 1942 — март 1943. — М.: Воениздат, 2002. С.170.

16

Оно исключено самим «единством». Такова роль всякого идеологического заявления об «единстве» (народа, партии и т. д.): маргинализовывать несогласие и сопротивление.

Теперь в российской публичной сфере эта идеологема вернулась. Но в карикатурном виде: теперь разделение проходит по критерию отношения к России. Это критерий фиктивный. По нему народы «Запада» противопоставляются поработившим их псевдодемократическим и даже (всё более явно) «неонацистским» правительствам.

В отношении к Украине эта идеологема явно сыграла и играет важную роль. Поэтому пропагандисты говорят и пишут «киевские войска», «киевский режим», символически противопоставляя правительство — оно в столице, в Киеве, — всей остальной стране (никогда ведь в России не пишут «московская армия», но всегда «российская»). Ждали восстания против «киевского режима» — не дождались — ждут, пока «народы Европы» начнут борьбу против «антироссийских санкций». То есть будет что-то вроде движения народов Европы против «берлинского режима», «парижского режима» и так далее. Тот случай в истории, когда второй раз в виде фарса.

* * *

18.05.2022

Узнал от коллеги о неком философском мероприятии, которое грядёт в одном из клубов Санкт-Петербурга (коллега над ним ржал) — будут обсуждать окончательный крах западной цивилизации и т. п. пр. Заинтересовавшись творческой биографией одного из участников, доктора философских наук, автора 243 (по РИНЦ) или 612 (согласно сайту его вуза) публикаций, читаю на том же официальном сайте в его биографии раздел: «ОБЩЕСТВЕННАЯ ДЕЯТЕЛЬНОСТЬ — Куратор секции общежития [вуза]» —

…и чувствую очень сложную эмоцию, как бы её охарактеризовать… то ли «великое в малом!», то ли «сим победиши!», то ли «ни одна блоха не плоха», то ли «ну, вот такая вот общественная деятельность у коллеги»…

* * *

1.06.2022

О СОПРОТИВЛЕНИИ. Похоже, что скрытое сопротивление войне в России довольно велико. И речь не только о пассивном неприятии «про себя». Скрыто оно не только потому, что не может получить

17

публичную репрезентацию, и не только потому что те, кто его практикует, «скрытничают», хотя это тоже само собой разумеется. Оно скрыто в силу его будничного, малозаметного «самому себе» характера.

Женщина приходит на работу в футболке *с буквой зет*, и весь день встречает *такие* взгляды, что больше её не надевает. Ей никто ничего не говорит. Так что даже если, чудесным образом, какие-то антропологи возьмут у её коллег интервью, те вспомнят, что она была в такой футболке, но не вспомнят свои же тогдашние взгляды в её сторону (которые фактически её эффективно остановили). Родители не пускают ребёнка в школу в день, когда там должно быть какое-то «военно-патриотическое мероприятие», сообщив, что ребёнок заболел. Но они уже и раньше не раз так делали и когда ребёнок болел, и когда нужно было среди недели съездить к бабушке. Мужчина в компании произносит речь *про…* — ему говорят, чтоб он перестал — по интонации он понимает, что просьба не шуточная, — и перестаёт. Знак полусвастики на плакате возле подъезда кто-то постоянно закрашивает. И так далее.

Это скрытое сопротивление создаёт атмосферу, в которой открытые сторонники войны не могут преодолеть чувство изоляции. В атмосфере постоянно присутствует ощущение альтернативы, возможности иного отношения.

Оно никак не «ухватывается» социологическими опросами… Государство может его игнорировать до определённого момента, когда эта бессубъектная, безличная, «ничья» атмосфера начинает порождать пожары в военкоматах. С антропологической точки зрения, значение его очень велико, хотя о нём мало что можно узнать.

* * *

02.06.2022

Когда-то я думал вот о чём. Что со временем я, если смогу, напишу стихотворение о тех жителях Германии, о тех немцах, для кого приход к власти НСДАП и лично Гитлера был трагедией — они ненавидели и НСДАП, и Гитлера. Уже осенью 1932-го было понятно, что к чему идёт, и что уже «не обойдётся». Не имея свободных денег и связей, не представляя себе возможность существования вне родных маленьких городков, они не могли покинуть Германию. Они не вступали в партию, не уходили на войну, не составляли гнусные списки; увольнялись с работ, где требовалось лукавое согласие кое-чего не замечать. Многие из них не надеялись пережить Гитлера и, тем более, пережить войну (и не пережили). Их все презирали, иногда ненавидели, — партийные за беспартийность, родственники — за бесхребетность, дети — за безыдейность, соседи — за скрытность. И так далее.

Это презрение особенно усилилось потом, после развязанной (другими немцами) войны, по тем же причинам, что и до и после неё. Городки их сгорали под бомбами «Либерейторов», они переселялись в подвалы. Потом пришли победители Гитлера, они ненавидели их уже совершенно понятно за что. Потом выросли дети и осудили за нацизм и приспособленчество. Все были правы, и ненавидели и презирали их совершенно искренне (но, будучи спрошенными, нашли бы и рациональные обоснования, например: почему вы молчали? Почему вы не сопротивлялись?). В общем, о тех, для кого ночь бесчестья наступила зимой 1932/1933 года и в общих чертах, хотя уже давно в лёгкой форме, продолжается до сих пор.

* * *

07.06.22

НИЧТОЖНОСТЬ российских публичных дискуссий…

* * *

8.06.2022

Геннадий Гудков (бывший офицер КГБ, бывший депутат ГД, бывший высший функционер партии «Справедливая Россия») в интервью, буквально: *«Россия страна, где народ давно согласился, что царь имеет право на всё… в России народ считает, что власть имеет право врать всегда. Всегда. И она это знает. Власть всегда ворует. (…) Народ это знает и соглашается с этим. Власть безразлична к чужим жизням. Народ с этим согласен. Всё… Вот что произошло… Я не говорю про весь народ. Я не хочу, чтобы на меня обижались люди мыслящие, умные, сопротивляющиеся, соображающие, совестливые и так далее. Таких в России много. Ну по крайней мере там… я думаю, что не меньше половины. Я думаю, что сейчас общество фифти-фифти раскололось. На баранов — 50 %, и не баранов. Вот эти бараны сегодня доминируют. Они сегодня поддерживают эту власть… (и т. д.)»*

Прямо вот наглядный пример, что значит «сначала говорить, потом думать». Гудков говорит штампами, и это его наблюдение про «весь народ», это тоже штамп. В ответ на вопрос интервью он выскакивает прямо-таки сам собой. Но произнеся это, Гудков спохватывается и чувствует, что… не то что-то сказал… И — сразу же начинает

19

поправлять сам себя, при том начиная себе ж и противоречить. Разумеется, 50 % это половина народа. Если «бараны» могут доминировать над таким же количеством не-баранов («людей умных, сопротивляющихся» и т. п.) возникает вопрос, а как же они это делают. Ответ искать не стоит — негодны предпосылки самого вопроса.

* * *

12.06.2022

ШОК ПРОШЁЛ. Если судить по социальным сетям (а они обычно попросту лишь делают происходящее заметнее, интенсивнее) сразу после 24 февраля, — после события «катастрофа 24 февраля» — из-за этого шока, в российской атмосфере публичных разговоров возникло что-то вроде окна. Стала возможна проблематизация.

Шок был таким, что обычные перепалки разом слетели с обычных рельс. *«Как это стало возможно?»* Под давлением этого вопроса вопросов можно было что-то действительно понять.

Сейчас, три месяца спустя, кажется, это окно окончательно закрылось, — шок прошёл — в коллапсирующем публичном пространстве доминирует теперь одна тенденция — вернуться к поиску виновных и обличению лицемеров. «Кто виноват?», «Что сделать с теми, кто виноват?» — вот эти два вопроса теперь опять наиглавнейшие. *Но ведь ещё в марте было не так. Это был период События, когда можно было о чём-то думать.*

Похоже, что теперь нужны особые усилия, прежде всего, чтобы оставить «всех» «их» в покое — чтобы не падать опять в центрифугу упрёков, обличений и намёков.

* * *

15.06.2022

ОБ ОБОБЩЕНИЯХ. Есть какая-то нерешаемая проблема вот в чём. Все мы, когда пишем о происходящем, строим фразы, подразумевающие квантор всеобщности: «все». «Все украинцы», «все русские». «Весь мир». Получаются чёткие отточенные формулы. Вот и я сам тоже в начале этого абзаца так написал… (ну а как же ещё я мог бы начать это рассуждение?...)

Такие фразы подразумевают чёткий отточенный мир, в котором всё уже случилось. Где, скажем, ни один русский не может назвать ни

20

одного украинца иначе как нацистом, ни один украинец не может назвать ни одного русского иначе как фашистом, и всё, не остаётся места ни для личных решений, ни для личных позиций, всё уже предопределено, жизнь уж случилась и закончилась. Итог уже подведён, прямо по Людвигу Витгенштейну — *«мир это всё что уже выпало [как игральные кости, когда они брошены]»**.

Сама логическая форма высказываний не предполагает, что ещё что-то можно сделать, что жизнь и история могут продолжаться (а они ведь тем не менее продолжаются). Можно было бы избежать этой обречённости, заменив «всё» на «некоторые» или даже «большинство» (что было бы фактически вернее, поскольку есть ведь, наверное, и украинцы и русские, которые думают о других как-то по-другому). Тогда появилась бы опять жизнь, перспектива, но... утратив квантор всеобщности, то есть категоричность, фраза перестала бы быть такой чёткой, резкой и изящной. Сам язык заставляет отказываться от жизни и от будущего, ну, *чисто ради красоты слова*.

* * *

04.08.2022

ТЕРПЕНИЕ**. В таких обстоятельствах как теперешние наши, натренированный на разрешение задачек и заострение парадоксов ум продолжает работать, производя мнения и ви́дения этих самых обстоятельств. Мнения, ви́дения, позиции превращаются в тексты, которые к кому-то обращены. К другим интеллектуалам. Несовпадений в этих мнениях и позиций всегда больше, чем совпадений — и эти не столь уж резкие различия так болезненны.

Отсюда неснижающаяся конфликтность. Она нам привычна. Так, должно быть, ил в воде родных рек привычен некоторым видам рыб, привыкшим жить с забитыми жабрами и в мутном полумраке. Но «нормальное» — не значит «хорошее» или «оптимальное».

---

* Знаменитое первое высказывание из «Логико-филосфоского трактата» Людвига Витгенштейна.

** Через полгода после этой записи я прочитал очень важные соображения Сергея Зенкина о таком терпении в статье «Ремесло заложника» в сборнике «Перед лицом катастрофы» (LIT Verlag, 2023). Подробней о них — в записи 31.05.23.

Бывают исторические периоды с таким масштабом событий, что надежда его схватить мыслью — самообман. Бывает такое время, что ничего действительно стоящего «прямо вот сейчас» — не придумать.

И особенно важна тогда добродетель терпения. *Потому что ум не останавливается*, работает и производит… идеи. Внутренние столкновения скороспелых постижений и концептуализаций создают даже что-то вроде ощущения исполнения *миссии*… Так вот, я думаю, иногда лучше потерпеть. Взять паузу, помолчать. Не значит: «не думать», это не возможно — но: «не спешить», это возможно. Скорость письма может иногда подвести.

Терпение по отношению к самому себе и к своей так старательно взращиваемой продуктивной способности, вот что важно сейчас, по-моему. От неё доброта и заботливое внимание к другим (в перспективе). Ну да, столь многие неправы.… — ну так и что ж теперь.

***

ЗАБЫВАЕМЫЙ ФЕДЕРАЛИЗМ. Российская федерация есть федерация. Исторически федерации возникали как некоторый «третий путь» государственного строительства между империями и национальными государствами. Россия далеко не случайно является по своему конституционному строю федерацией. Интересно, что федерализм практически не представлен в публичных дискуссиях о будущем страны. Это — из забытого политического языка.

Скажем, и такие активисты, как *«Форум свободной России»*, и их оппоненты справа и слева, рассуждают о будущем России только так: «да, распадётся!» (и уже рисуют карты) VS. «ни в коем случае никакого распада!». То есть можно непосредственно увидеть два воображаемых варианта устройства государственности: либо большое, централизованное, наднациональное (за неимением других слов его называют «империей»), либо маленькое национальное, — и неизбежно тоже централизованное (разумеется… а как иначе сохранить себя молодому небольшому государству в недружественном окружении?).

У первых есть аргумент: национально-этническое угнетение и неравенство в современной России должно быть преодолено разделением страны (по умолчанию — на множество национальных территорий). У вторых есть аргумент: какие-либо центробежные силы отсутствуют (об этом пишет Александр Кынев). Ни те, ни другие даже не заговаривают о федерации. О «федератизации».

Следовательно, не возникает вопрос, почему Россия — уже федерация. И что с этим делать. А ведь по крайней мере ряд проблем, связанных с бескрайней централизацией, можно решать уже в рамках и на основе того принципа государственного устройства России, который уже и так реализован в её Конституции (она скомпрометирована поправками 2020 года, но речь не об этом).

Это, во всяком случае кажется более прагматичной перспективой, чем идея полутора десятков (минимум!?) суверенных этнонациональных государств. При этом мирный характер этого разделения и последующего гос. строительства почему-то лишь просто и настойчиво постулируется.

Против идеи «разделения России» можно привести много соображений здравого смысла, и поболее того — научно выверенных рациональных доводов, а я хочу обратить внимание на это «значимое отсутствие» самой идеи федерации в политическом воображении всех высказывающихся на эту тему. Это «значимое отсутствие» означает, что какие-то важнейшие проблемы государственного строительства остаются не обдуманными и вообще не поставленными. Для одни «распад России» является ценностью сам по себе. Либо в качестве средства от «империализма», — как будто тот неразрывно связан исключительно с обладанием большими территориями. Либо в качестве расплаты за войну против Украины. Либо ещё ради чего-то другого. Для других сами проблемы национальных окраин, этносоциального и экономического неравенства регионов, поднимающегося бытового расизма как будто не заслуживают серьёзного внимания. Но если Россия не просто так «федерация», почему же не воспользоваться в будущем этим уже существующим ресурсом.

20.08.2022

Статья* Андрея Перцева на Riddl'e иллюстрирует мой «старый» тезис о том, что 24 февраля похоронило даже попытки создания связной (когерентной) государственной идеологии. Если раньше были люди, готовые объяснять необходимость тех или иных действий Кремля исходя из некоего образа «общего блага», то теперь они, может, никуда ещё не делись, но их усилия уже оказались излишними.

С одной стороны, пропаганда превратилась в замкнутый контур по воспроизводству единообразных клише, и *деинтеллектуализировалось*. Там, внутри этого контура буквально «не о чем думать». История формирования идеологии «зрелого (позднего) путинизма» началась в 2012-м, а в 2022 закончилась, можно и нужно уже писать её историю.

С другой стороны, принудительное истощение политической сферы привело к тому, что любое приемлемое для государства действие, которое могло бы иметь политический смысл, утратило его, став лишь реактивной демонстрацией лояльности.

Хорошо это демонстрирует история внезапной карьеры буквы «зет» с этими демонстрациями в медиа зетообразных фигураций, составленными из тел чьих-то подчинённых. В такой перформативный акт, очищенный от какого-либо содержания, превращаются и эти административные кампании, о которых пишет Перцев. Интересно, как далеко может ехать такой велосипед с рулём и рамой, но без цепи и без колёс?

* * *

22.08.022

По поводу вчерашней смерти Дарьи Дугиной (Платоновой) назойливо вертится мысль, что Александр Дугин так долго флиртовал со смертью, писал о её важности и прелестях, призывал к убийствам (закономерный переход от «апологии» смерти к её призывам), что теперь ему дана возможность наконец встретиться со смертью непосредственно. Не со своей — «своя» его уже вряд ли чему-то научила

---

* Перцев А. «Вместе с Россией», но не понятно почему (18.08.2022) // RIDL. IO. URL: https://ridl.io/ru/laquo-vmeste-s-nbsp-rossiej-raquo-no-nbsp-neponyatno-pochemu/

бы. Но со смертью в её самом откровенном и ужасном из всех видов — так сказать, с «чистой смертью»: с внезапной и необъяснимой смертью ближайшего из людей, дочери.

Ребёнок — это в каком-то смысле часть родителя, это его порождение, связь, которая при «обычных условиях» уникальна и неразрывна. Идеи — это тоже такое порождение, которое для интеллектуала образуют как бы часть его самого, во всяком случае, лучшие, важнейшие идеи (а «ценность смерти как идеи» для философа Дугина несомненно была (до сих пор?) одним из лейтмотивов мышления). Может быть, и на том фестивале он рассуждал о смерти, и как хорошо — умирать и убивать. И вот теперь там — где-то в нём — произошла внезапная встреча двух этих частей его самого, мысль о смерти внезапно обрела плоть. Парадокс в том, что именно о нём, как ни о ком другом, можно сказать: но ведь он же именно этого и хотел?

(Трудно думать иначе, чем так: он хотел смерти для кого-то (для украинцев), то есть смерти «абстрактной», численной, эстетической... — «педагогика созерцания трупа является важнейшей частью духовного созревания личности»*, писал он, и с этим пришёл к созерцанию трупа собственной дочери).

И вот что ещё: ровно год назад Дугин, как выяснили шустрые на такие выяснения интернеты, написал у себя в фейсбуке: «то, что меня не убивает, убивает кого-то ещё». Сейчас это выглядит как классическое пророчество. Из разряда тех пророчеств, которые не распознаются как таковые, пока не исполняются, и принципиально служат поэтому не для управления будущим, а для доказательства существования Провидения.

Но что подало, или, точнее, кто подал сквозь него этот мрачный знак, о чём этот знак?.. О том, что бесы, с которыми он заигрывал, с удовольствием ему подыграли, как умеют?.. А ведь такой эзотерик, как Дугин, не должен попросту проходить мимо таких хронологических совмещений.

---

* Дугин А. Г. Русская война. М.: Алгоритм, 2015. С. 59.

* * *

1.09.2022

Именно то состояние безразличия, в котором, как в бесчувственности, обвиняют жителей России, в общем, многие, когда люди массово дистанцируются от происходящего в Украине, от российских бомбардировок, их жертв и так далее — и вместо этого езда в отпуск куда могут, наслаждаются какой-то едой, прогулками с детьми, публикуют статьи и участвуют в спортивных соревнованиях — именно оно и делает невозможным массовую мобилизацию, и любое приближение к тотальной войне. Потому что это безразличие защищает и от того, чтобы вполне отдаться пропаганде*.

Весенний призыв — 2022, пишут, сорван. Набор в региональные «губернаторские батальоны»** приносит, пишут, унылые результаты. Именно из-за этого состояния психоэмоциональной демобилизации (ну не только из-за него, но во многом и из-за него).

Если бы людям было «до войны», атмосфера в стране была бы другой. Было бы хуже? Было бы хуже. Сейчас, по крайней мере, тотальная война невозможна. А государству приходится делать вид, что хотя что-то происходит, на самом деле ничего «экстраординарного» не происходит. *Демобилизующий запрос на нормальность лучше влечения к экстраординарности.* В этом отношении лучше. Так по-простому...

* * *

05.09.2022

В РЕСПУБЛИКЕ, как я её понимаю, «политика» создаётся политическим соревнованием. В нём участвуют представители — групп, партий и в особенности земель («мест», «местечек», территорий и т.д.). Ну, а представительство территории подразумевает конкретные связи с этим конкретным местом, с этим «откуда». Вот здесь, где появляется репрезентация как принцип политического действия, в этом месте и проявляется роль «места», топоса в политическом самоопределении.

---

* Прим. осени 2023: теперь уже известно, что в этой записи я принял желаемое за действительное.

** Официальное название — «добровольческие региональные батальоны» или «отряды».

В России для этого есть историческое понятие «земля». От неё «земские представители» и т.д.

То есть «политика» или «политическое» определяется именно местностью. Политика появляется именно там, где есть неустранимые различия. То есть она появляется именно в противостоянии групп, традиций, местностей (через своих представителей), которые преследуют свои интересы, пишут законы, как они их понимают, и так далее. Так в городе или полисе, который никогда не однороден (отсюда такое внимание ряда российских политических философов к теме *stasis*'а), так в стране. И поэтому и нужен *федерализм как политическая форма*.

Конечно, некая местность сама по себе это не более чем «местность». Её опыт преобразуется в моём сознании в образы, идеи и установки, это да. Но в силу фактических, то есть всегда случайных обстоятельств моей жизни именно с этой конкретной местностью у меня есть аффективная и значимая для меня связь.

Что касается политики: реальное государство строится именно на местности. Из местностей и их представителей, так сказать, оно и состоит.

Поэтому Аристотель, в отличие от Платона, изучал реальную практику реальных городов и живых людей, он не ставил мысленные эксперименты на идеальных политических объектах, — и потому *обошёлся без «общего блага» как философской гипотезы*. Аристотель — предтеча европейского республиканизма.

* * *

07.09.2022

Тема для медитации: двум солдатам из окопов противоборствующих армий, может, проще договориться одному с другим, чем двум интеллектуалам перед мониторами с той и другой сторон.

Можно ещё сказать так афористически, что будет ли у России достойное будущее (ибо какое-то будет, но не всякое будущее заслуживает того, чтоб ему быть), это зависит от того, насколько терпимыми мы сможем быть к чужим ошибкам и даже неудачам.

Но почему же так у нас заведено. Вы можете знать человека много лет. Обсуждать разные важные для вас обоих темы. Вы в общей сети знакомых. У вас может быть есть разногласия, вы их как-то иногда обсуждаете, или не обсуждаете, потом что обсуждаете какое-то общее дело. Иногда годами. Потом Вы узнаёте, что этот человек что-то написал в соц. сети. Не ограбил голодающих, не лжесвидетельствовал в суде, не изнасиловал студентку, не предал Родину, наконец. Написал *что-то такое*, что лично Вы не можете одобрить. И всё, конец отношениям, а то и искренняя ненависть...

Почему многолетние связи так запросто оказываются таким расходным материалом?..

Наверное, я никогда не смогу этого понять.

Должно быть иначе. Должно стать иначе.

* * *

22.09.2022

НОВЕЙШАЯ ИДЕОЛОГИЧЕСКАЯ ФИГУРА. В последние полгода в публичных дискуссиях онлайн и офлайн сформировалась идеологическая фигура: *«безразличный турист из России»*. Это такой человек, который во время антиукраинской войны едет в Европу чисто для собственного удовольствия, и ведёт там себя... Скажем, так же как вёл себя в своих худших проявления пять, десять лет назад: как самоуверенный нагловатый потребитель.

Есть мнение, что Европа — *«не для таких»* (и её магазины роскоши — не для таких покупателей роскоши), ведь такое поведение прямо во время агрессивной войны аморально. Свидетельствует о фатальной нехватке эмпатии, сочувствия и так далее. Если раньше, до необъявленной войны, так себя вести ещё можно было, — теперь, во время необъявленной войны, так себя вести нельзя; отсюда следует осуждение.

Я не хочу сказать, что «таких» россиян вовсе нет, такие есть, как и какие угодно другие, но что этот образ превратился в идеологическую фигуру. То есть в некое массовое представление о «типичном россиянине», предъявляемое в качестве объекта суждений о россиянах в Европе. Например, необходимо прекратить выдачу шенгенских виз, потому что эти безразличные туристы из России вот так себя ведут (и ничего не понимают, добавит кто-нибудь проницательно). И так далее.

Идеологически-типическая фигура могла быть другой, например, «политический эмигрант», и т.д. Однако, во многих случаях, представителем «россиянскости» стал именно такой «безразличный турист из России» (используемый мной тут мужской гендер не важен). И по отношению к нему вполне можно пустить в ход машинерию морального и политического осуждения. Это и происходит.

И прямо сейчас, в эти дни, эта идеологическая фигура размывается. Оказывается, что человек с краткосрочной визой, этот «безразличный турист из России», и человек, бегущий от принудительного участия в войне, *это один и тот же человек.* Уклоняться от призыва на преступную войну — это действие в каком-то роде похвальное и уж, во всяком случае, не является проявлением безразличия.

Возможно, из тех, кто бежит от принудительного призыва на войну (назовём вещи своими именами), немногие способны продемонстрировать такую способность рассуждать о политическом, которую можно было бы ожидать от идейных противников войны. Пусть так. В толпе в аэропорту они визуально неотличимы от «безразличных туристов» (которые там тоже попадаются). Однако социальные смыслы их перемещения «в Европу» совершенно противоположны. Это безразличное «эстетское» невовлечение у одних, и ситуация выбора между жизнью и смертью, то есть полное вовлечение в происходящее, у других.

Размахивать, как флагом, этой идеологической фигурой пофигистического «туриста из России» — значит сознательно отказываться от понимания и сочувствия. Но поскольку одни от других визуально не отличимы, трудно понять, с кем вы имеете дело, имея дело с россиянином: с туристом-фланёром или с беглецом?.. И до какого момента можно продолжать опираться на эту идеологическую фигуру? Когда она начинает распадаться?

При размышлении можно заметить, что эта типичная фигура обрела свою «типичность» в рамках некоторых идеологических установок. Она, может, и не типична, она таковой лишь мнится. Потому что, благодаря ей, активизирует саму себя эта моральная машинерия осуждения.

Чтобы сохранить эту удобную идеологическую фигуру, хотя бы ради азарта критической взыскательности, при дальнейшем размышлении можно сделать ещё один шаг — сказать, что *это различие лишь кажущееся*: беглец от призыва это и есть тот же самый «безразличный турист из России», только испуганный, и поэтому прежнее отношение к нему всё равно оправдано и уместно. Так восстанавливается нарушенная вроде бы очевидность. Типичные идеологические фигуры экономят энергию на суждениях — те становятся тоже типичными, то есть автоматическими, и остаётся больше возможностей подумать о чём-нибудь ещё.

* * *

24.09.2022

Правильного способа переживать войну, эмиграцию, принудительную мобилизацию (так же как изнасилование, чуму, цунами) НЕТ. Ещё раз, большими буквами: НЕТ ПРАВИЛЬНОГО СПОСОБА. Этому не учат в школах. Этому не учат в скаутских клубах. К этому невозможно заранее подготовиться.

Поэтому, о мои дорогие соотечественницы и соотечественники, последнее дело — упрекать, обвинять, разоблачать таких же как мы, что кто-то не так и не то делает, не протестует или не протестовал(а), протестует не против того, а против этого, понимает не так или не понимает (не понимал(а)) вовсе, и так далее. Событие, внутри которого мы оказались, абсолютно превосходит личные способности каждого и каждой из нас понять и духовно/душевно с ним справиться.

Вывод из этого только один: важнее всего сейчас — доброта ко всем без исключения. Оставьте своё оружие критики до потом, пожалуйста.

Злодей вас не слышит и не читает. Кто метит в злодея, попадает в кого-то из ближних своих.

* * *

28.09.2022

Всё же трудно вообразить меру презрения руководства России и их помощников к населению России. Некоторые публицисты считают это особым «знанием своего народа». Чёрт разберёт, «знание» ли это, или злоупотребление захваченными возможностями.

* * *

29.09.2023

Полмиллиона профессионалов свалили из России за полгода. Процесс продолжается. Журналисты, программисты, врачи, менеджеры, массажистки, капитаны маломерных судов, тренера, продавщицы, артисты, режиссёры, водители, наладчики, дантистки, экскурсоводы, музыканты, наладчики систем связи, профессора, маркетологи, лингвисты, разработчицы систем информационной безопасности, продавцы, аналитики данных, операторы, дантисты, журналистки, учителя начальной школы разных гендеров и так далее. В фейсбуке читаю довольные рассуждения людей, часто пенсионного возраста: наконец-то, вот оно, очищение!.. Если учесть ещё, что мобилизация прерывает трудовые карьеры сотен тысяч…

— и вот эта искренняя радость, что мол теперь-то, теперь-то заживём… Очищение!..

Мысль «кто будет работать» даже не приходит в эти головы.

* * *

08.10.2022

ПАМЯТИ ФРЭНКА БАХМАНА. Вспомнилось… Летом 1947 года в швейцарском городке Ко, пригороде Монтрё, состоялась важная встреча…

В годы Второй Мировой войны курортное Ко запустело. Огромный пустой отель с видом на Женевское озеро был разграблен и запущен. Там во время войны держали заключённых и всё, что можно сломать и сжечь в печке, было сломано и сожжено в печке. Этот отель выкупила группа швейцарских богачей для международной организации «Движение за моральное перевооружение». Её руководитель, американский проповедник Фрэнк Бахман, воспользовался своими, ещё довоенными, связями и собрал летом 1947 года в этом отеле политиков из Франции и с той территории, что ещё полтора года назад называлась Германией*. В те дни такой страны не существовало. Её территория была поделена на четыре зоны под управлением военных администраций Союзников. Страшная послевоенная разруха. Потребовались специальные усилия дипломатов (и швейцарских спецслужб), чтобы организовать приезд группы немецких политиков. Среди них был, кажется, и будущий канцлер ФРГ, а тогда отставной мэр Кёльна, пенсионер-диссидент Конрад Аденауэр.

Отношение в Европе к ним было, что не удивительно, такое, что они рисковали не доехать до Монтрё живыми.

---

* Edward Luttwak, Franco-German Reconciliation: The Overlooked Role of the Moral Re-Armament Movement // Douglas Johnston and Cynthia Sampson, (eds.). Religion, the Missing Dimension of Statecraft, Oxford University Press, 1994. P. 36–57.

Когда началась конференция, и французы оказались за одним столом с немцами, то… просто отказались с ними разговаривать. И разошлись по своим комнатам. Одним из них был министр финансов Робер Шуман. После он вспоминал, что по пути к себе, в ободранном отельном коридоре, встретил Бахмана. Тот уже знал, что произошло. Он остановился, внимательно осмотрел Шумана и сказал:

— Вы собираетесь строить новую Европу без Германии?…

Французы всю ночь думали и совещались и на следующий день заявили, что согласны говорить с немцами. Это была очень трудная дискуссия; один из немецких делегатов потом писал, что они, те, кто приехал из Германии, считали себя антифашистами и действительно были антифашистами — но в этом разговоре им пришлось признать очень многое относительно самих себя, это было мучительно. Но всё-таки разговор состоялся.

Участники этих встреч в 1950-е создали Совет Европы, Европейское соглашение угля и стали, заключили соглашения, на основе которых появились институты Европейского Союза.

* * *

10.10.2022

СТРАННАЯ РОССИЙСКАЯ ПАССИВНОСТЬ. Два наблюдаемых сейчас явления требуют связанного объяснения. Оба они — стороны какого-то большего и глубокого социально-политического феномена. Было бы чрезвычайно важно суметь справиться с тем, чтобы осмыслить его сейчас, именно как единый феномен.

Одно — это странная, сбивающая с толку пассивность россиян. Люди, обречённо идущие в райвоенкоматы, раз так надо. Люди, по-видимости, не способные друг за друга и за себя самих хоть немного противостоять давлению… Пассивность по отношению к безумной мобилизации сейчас особенно бросается в глаза. Экстренный выезд за пределы страны доступен далеко не всем: те, кто им воспользовался, явно уступают численностью тем, кто отправляется с повесткой на-перевес на сборные пункты.

Второе — это бесконечные упрёки в этой пассивности и насмешки по этому поводу со стороны буквально всех, кому не лень. Прямые призывы к восстанию видеть можно редко. Но вот упрёки в пассивности — да. И они, с одной стороны, прозрачны и просты, поскольку

32

обращены к кому-то, кто может понять и оценить их уместность и справедливость — с тиранией нужно бороться, не так ли? С другой стороны, не надо быть гением, чтобы видеть их неуместность именно в обращении к жителям современной России (разумеется, совершенно не исключительной в этом отношении страны).

Оно из объяснений этой видимой пассивности интуитивно ясно: у россиян *большой опыт пассивного сопротивления, которое так устроено, что со стороны его как раз не видно и не должно быть видно.* Кто уклоняются от призывов и вообще от взаимодействий с государством, те не попадают в поле зрения наблюдателей. Поэтому масштаб скрытого (пассивного) сопротивления со стороны оценить сложно, но по опыту российского бытия можно считать, что масштаб этот велик.

Другое объяснение, а их несколько, приходит при воспоминании о такой уже забытой во многих странах биополитической практике как *рекрутские наборы.* Если Россия ведёт внешнюю политику в стиле XIX века, то удивительно ли обнаружить рецидив внутриполитической практики примерно того же времени? Принцип рекрутского набора состоит в том, что некоторая территория должна поставить на сборный пункт какое-то количество людей, физически пригодных для постановки в строй. Причём при этом социальные качества этих людей (профессия, взгляды, положение и т.д.), теряют какое-либо значение. Рекрутские наборы имеют дело исключительно со счётом «по головам».

Ну а рекруты, соответственно, начинают на сборных пунктах вести себя… ну, как рекруты, описанные в русской классике того же XIX века, — пить, бездельничать и чего-то требовать. Но осознанное сопротивление в такой ситуации социально-психологически едва ли возможно: рекруты бунтуют, но не восстают.

Упрёки в этой пассивности сами по себе надо рассматривать как социальный феномен. В них есть много банального непонимания российских реалий (в принципе, простительное для тех, кто не социализировался в обществе с таким отчётливым чувством онтологической небезопасности, то есть для европейцев, но выражаемого часто с непростительной интонацией «похлопывания по плечу»). Есть в них и нечто, заставляющее вспомнить жижековское понятие *интерпассивности:*

некая обида на тех, кто лишает возможной радости от свержения тирана. Но и это, опять-таки, лишь частичные объяснения.

* * *

В советское время, в деполитизированном обществе, его жителям была оставлена *единственная* возможность политического действия: проводить элементарное (базовое) различие «*свой-чужой*». Отсюда привычка и навык бесконечного разделения: проведения границ поверх границ, выискивания несоответствия неким критериям в виде ожиданий. Она легко разрушает возможности для солидарности, но воспроизводит атмосферу «войны всех против всех».

Если неудержимое стремление проводить различия удаётся обуздать, возможно совместное политическое действие. Это различАние — тоже политическое действие. Но это самый его базовый, примитивный вид. Начало политики, но только самое начало. Можно даже его иногда и пропустить, чтоб не топтаться в болоте бесконечного различАния с его аффектами.

* * *

О «ДИАЛОГИЧЕСКОЙ ФИЛОСОФИИ». Это же попросту философия, приглашающая к диалогу. В ней может использоваться понятие «диалог», а может и не использоваться. Диалогическая философия инициирует интеллектуальный и духовный процесс в читателях или слушателях — она обращается, требуя ответа. Такой ответ это, чаще всего, несогласие. Но обмен несогласиями — это и есть диалог.

На мой взгляд, *первый признак диалогической философии — ясность аргумента*. Она может говорить парадоксами, уходить туда-сюда в стороны (как рыскал туда-сюда платоновский Сократ), но в ядре её должен быть считываемый внятный рациональный тезис, с которым можно не согласиться, или согласиться. И аргумент(ы). Аргумент и нужен только в диалоге. А где не разговаривают, не убеждают, но вещают, проповедуют, «сознают вслух» и так далее, там обходятся без аргументов и без изобретения аргументов.

Так называемая «русская философия» поэтому часто была столь неаргументативна, она не для обсуждения и разговора, она для бессловесного принятия. Как ни странно, «советская философия» в её лучших проявлениях была как раз более диалогичной, хотя очень многое из проговорённого теми философами осталось в конце концов так и не записанным.

* * *

21.10.2023

Перед лицом террора люди бессильны. Но, по крайней мере некоторые, по крайней мере иногда (очень редко, но) могут, оказавшись в сердце тьмы, оглядеться — и описать или изобразить его. Так вот и Мандельштам в отчаянии пишет «Оду», а в ней сквозь хитроумные славословия Суверену читается приговор: ты не настоящий!.. *Такой приговор абсолютен.* Террор может расправиться с теми, кто назвал увиденное в сердце тьмы своими именами, но не может сделать написанное ненаписанным.

Гнусные детали эпохи, когда Шварц написал «Дракона», превращаются всего лишь в комментарии к «Дракону». И уже навсегда. Имена и подробности карьер персонажей той эпохи — всё в большей мере лишь материал для комментариев к пьесам Шварца. В конечном итоге, только это вот и остаётся.

* * *

07.11.2022

Ханна Арендт пишет об опыте политической жизни как *расширении ума*» (enlarged mentality). Такой ум способен продумывать «за других», воображая чужую жизнь и чужие обстоятельства «изнутри» — и, например, находить аргументы, которые будут убедительны там, внутри чужого ума. Не потому они будут в дискуссии хороши, что они правильны, а потому, что они будут действенны (хороши) для другого. Так, но ведь далеко не всякая политическая ситуация в реальности подразумевает перспективу такого «расширения ума».

Очевидно, такое возможно лишь там, где случаются дискуссии. Но если бы в этом было дело. Нужны не только дискуссии, но реальный опыт изменения посредством дискуссий. То есть *опыт «действия словом»*, опыт убеждения, причём убеждения других, не-таких-как-я. В разговорах с такими же как я, этот опыт не обретается. Там высказывание, сколь бы оно не (представлялось мне) доходчивым и аргументированным, остаётся монологическим и обходящимся без этого «расширения ума».

Так, политики — представители авторитарных режимов — оказываются не способны кого либо убедить. В ситуации, когда нужно

35

кого-то постороннего убедить, они способны лишь повторять одно и то же. Арендт, скорее всего, сказала бы: но это значит, что они занимаются не политикой, а чем-то другим. Не «политикой» в её понимании. Но, вероятно, «политикой» в их собственном понимании, например, когда они словесно оформляют угрозу насилия.

* * *

17.11.22

«КУЛЬТУРНЫЕ КОДЫ». Главная проблема с «культурными кодами» и «цивилизационными кодами» — в их неизъяснимости. Можно многократно заявлять, что вот у «англосаксов» (кстати, что это за народ?) есть их культурные коды, а у россиян — свой «особый культурный код», и так далее.

Однако, никто не может содержательно объяснить, чём именно он состоит, вообще никто. В особой, скажем, «духовности»? Это смешно, это детская ошибка «объяснение неизвестного через неизвестное».

Введение «цивилизационного кода», «ДНК народа» и т. п. псевдосущностей ничего не объясняет (повторю, ничего). Это же можно сказать и о «русском мышлении», на котором основана, якобы, какая-то особая «русская философия».

На полях энергичных обсуждений «культурных кодов» теперь в России пасутся разные интеллектуальные предприниматели. Для этого нужно какое-то *интеллектуальное бесстыдство*. Ну и спрос. А он есть более-менее всегда.

* * *

26.11.22

В надысь представленном вниманию публики официальном «списке традиционных ценностей» особенно не понятно, что такое «высокие нравственные идеалы» (включённые в него как «традиционная ценность» в ед. ч.), и что такое «приоритет духовного над материальным»*.

* * *

03.12.22

РАЗМЫШЛЯЯ О «ЧАСТИЧНОЙ МОБИЛИЗАЦИИ» В РОССИИ. Мне сорок два года, я гражданин России, военнообязанный, и физически

---

* Имелся в виду Указ Президента РФ от 9 ноября 2022 г. N 809 «Об утверждении Основ государственной политики по сохранению и укреплению традиционных российских духовно-нравственных ценностей».

36

достаточно здоров. При другом стечении обстоятельств, и меня бы *заграбастали*, и я вполне мог бы быть сейчас среди российских мобилизованных мотострелков. Я постарался бы не оказаться там. Но если бы. И сейчас сидел бы в каких-то усыпанных снегом кустах где-то юго-западнее Воронежа и думал, как обеспечить выживание вверенного мне взвода, где отжать лопаты, чтобы копать землянки и т. д. Как выжить и как помочь выжить другим. Чем ещё занимаются лейтенанты всех армий в декабре вблизи линии фронта?... А что я занимаюсь совсем другим и совсем в другом месте, так это не свидетельствует о моей избранности или какой-то доброкачественности. Только о том, как сложилась моя жизнь десятками самых разных решений, потому что такими были мои склонности и такие появлялись возможности, я ими не пользовался или пользовался.

Они «там» — это почти что я, хотя я, конечно, не там. Но мои бывшие соседи, бывшие студенты там, а не они — так их соседи и братья; совсем такие же как я.

Этот сегодняшний фестиваль демонстративной безжалостности в русскоязычных соц. сетях меня задевает... именно *безжалостностью*. Я воспринимаю его как временное торжество очень старого варварства. Оно называется «священная ненависть». Там, где священная, обоснованная, продуманная ненависть* к врагам, там Христос напрасно умер. А как мне этого не хотелось бы.

——————————

* Анна Винкельман писала в те же дни о ненависти: «В социальной природе (мире) ненависть и любовь тоже манифестируют себя, но сложнее и не так совершенно, как в природе. Если, поэтому, говорить на языке менее абстрактном, то ненависть окажется ближе всего к аффекту (не к эмоции-реакции). Аффект заступает на место разума и становится определяющим основанием поступка. Таким образом, ненависть, хоть в ней самой и нет замысла и действия, начинает как бы паразитировать на разуме, пользуется его деятельным потенциалом и случается. Ненависть бывает и тихой. (...) Образы ненависти, те гештальты, которые она принимает, выражены в философии на определённом и неслучайном языке. Ненависть — это закрытость, дисгармония, эгоизм. Тут уместны уже не только физические, но и психологические аналогии. Ненавидящий чувствует себя закрытым, оторванным, отделенным от мира. Весь мир ненавидящего сведён до одной оптики, ненавидящий видит все сквозь мутное стекло одного цвета. Аффект уже заступил на место разума, выхода из этого нет, мир редуцирован и сжат» (Винкельман А. Свободное высказывание // Перед лицом катастрофы. Сб. ст./под ред. Н. С. Плотникова. LIT Verlag, 2023. С. 140).

* * *

КОММУНИКАТИВНАЯ ЭТИКА. Возрождение России, если он возможно, может состояться лишь при изменении коммуникативной этики. Да, коммуникация всегда «идёт вслед» за общественными практиками — все мы, люди, говорим так, как нужно в ситуациях, в которых мы живём, в которых должны достичь каких-то своих целей. Если там эффективнее грубить, — вежливость постепенно «забывается», если там нужно убеждать, мы с трудом, но учимся аргументировать, и так далее.

Однако коммуникация — такая сфера, где человек всё-таки сохраняет субъективность, то есть способность выбирать, и ответственность за этот выбор. Что сказать, что не сказать, какие использовать жесты, как?... — «Это» отнимается в последнюю очередь. Значит, не ожидая изменения общественных практик, открытости и демократизации, можно «что-то сделать» уже: прямо сейчас — и «каждый раз потом» — говорить немного по-другому. Внимательнее (к другим), остроумнее (то есть спонтаннее), мягче и так далее. Уж это-то можно: открытость и демократизацию вводит начальство, объявляя (или не объявляя) очередную «оттепель», но речевое взаимодействие происходит здесь и сейчас, и уж это-то мы можем сами. Ради формирования *привычек, способствующих возрождению России* (да, знаю, что это словосочетание стопятилетней давности, но что же делать). Вот Илья Яшин, тот постоянно учится разговаривать с людьми, он знает «зачем», моральная победа за ним.

* * *

Недавно появившаяся песня Дениса Майданова «Сарматушка» и соответствующий клип задуманы, вероятно, как юмористические произведение. Поэтому в нём эти псевдоКВНовские рифмы — «сарматушки-штатушки», общее какое-то одновременно серьёзное и немного шутовское, стёбное настроение и т. п. Как если бы создатели клипа готовятся, будучи спрошенными, что они имели в виду, ответить — да мы, мол, пошутили.

Однако песня и клип этот воспевают баллистическую ракету с ядерным зарядом, наслаждаясь страхом, который из-за неё испытывают (как утверждается) НАТО и, в особенности, США. Вроде ясно, что за «применением» этой ракеты последует не только массовая смерть и разрушения, но и ответ со стороны того же НАТО, который не может не быть чрезвычайно разрушительным для самой России. Но в этом произведении об этом как будто и речи нет. Это чистое упоение смертоносностью. Клип можно было бы специально анализировать, не с художественной точки зрения, но со стороны семиотики массовых коммуникаций. Кто-то это сделает.

Я хочу обратить внимание вот на что: в России при очевидной поддержке государства создаётся произведение массовой культуры, воспевающее всеобщую насильственную смерть. Это эстетизация массового убийства. И самоубийства (при этом тоже). Хотя эта причинно-следственная связь, вероятно, очевидна далеко не всем в предполагаемой аудитории.

Такая эстетизация массового убийства принципиально отличает современный российский милитаризм от милитаризма советского и постсоветского. И она задаёт ряд вопросов, на которые у меня ответа нет, хотя предварительные есть. Первый, какой современной идеологии это смертепоклонничество как-либо может соответствовать? Второй, если допустить, что этот клип переведён на разные языки и показан аудиториям мира, какой именно образ России он создаёт и как такой вот образ влияет на отношение к России в разных странах? Третий, если люди обучены получать эстетическое удовольствие от образа всеобщей смерти, — может ли это не повлиять на их мировосприятие, скажем так, во всём остальном?…

* * *

21.12.2022

В Германии приговорена к двум годам тюрьмы условно Ирмгард Фюрхнер, которая служила стенографисткой коменданта концлагеря Штуттхоф и признана соучастницей убийства более 10 тыс. человек. Ей 96 лет, она живёт в доме престарелых, и пыталась скрыться (!), но её задержали. Она была из числа гражданского персонала лагеря.

Пишут, что адвокат просил её принести извинения родственникам жертв. Фюрхнер ответила, что это было бы предательством по отношению к её покойному мужу, с которым она познакомилась на той работе (он служил в SS и скончался в 1972 году).

Процесс производит странное впечатление. Лучшее определение для этой «странности» я нахожу в комментарии Виктора Вахштайна в фейсбуке под его постом об этом — *«бухгалтер концлагеря оказался более виновным, чем министр экономики»* (имеется в виду Ялмар Шахт, оправданный Нюрнбергским трибуналом).

Представления о преступлении и вине так изменились, что уголовному преследованию теперь подвергают за действия, которые в момент совершения могли бы удостоиться разве что морального осуждения со стороны близких (Виктор Вахштайн как раз исследует эту трансформацию). То есть, когда это преступление совершалось, оно не было преступлением. Это была работа по найму в бюрократическом аппарате такого государственного учреждения, как концентрационный лагерь. Он находился на оккупированной территории, но я склонен думать, что для обычной немецкой 18-летней девочки-подростка (тогда этот возраст считался юридически подростковым) это не имело значения: для неё, тогдашней, государства «Польша» уже не существовало, как «не существовало» его для 18-летних подростков СССР с осени 1939 до лета 1941 года, а то и дольше. Теоретически её, может быть, могли бы судить и за участие в оккупации. Но её судят за «обычную работу» (в чрезвычайной ситуации).

Дополнительное измерение темы: «медик» Отто Кнотт, который непосредственно управлял газовыми камерами концлагеря Штуттхоф, был в 1957 году на суде в Бохуме приговорён «только» (?!) к 3 годам и 3 месяцам тюрьмы.

Дело Ирмгард Фюрхнер очень хорошая иллюстрация к моей концепции расширенного понятия «банального зла» как незаинтересованного соучастия в преступлениях других людей через участие в деятельности «институтов зла»*. Делаешь свою работу, она фактически оказывается соучастием в масштабных преступлениях, но не потому делаешь, что как-либо хочешь в них соучаствовать, а потому что это работа... Потом выясняется, что эта обычная работа в тех

---

* Михаил Немцев «Зачем говорить о политическом зле сегодня?». Онлайн лекция 3 апреля 2021 г. в Открытом лектории Фонда «Либеральная миссия» // https://www.youtube.com/watch?v=B_GyTafe-gw

обстоятельствах имела ещё и такое измерение. Но именно что — «потом» выясняется.

Но я об этом говорю как о моральной концепции только. Такое «банальное зло» постыдно, и поэтому потенциально ведёт к мучительному раскаянию. Адекватным наказанием за такое может быть *публичное осмеяние и позор* (Ханна Арендт где-то тоже писала об этом примерно так). Но — тюрьма?.. не думаю, что можно наказывать за действия, которые не были преступлениями в давнем прошлом, когда были совершены. Речь не идёт о нацистах и военных преступниках, конечно. Речь о тех, кто ходом вещей оказался вовлечён в преступления, вот как эта секретарша-стенографистка.

* * *

01.03.2023

Российское общество: мы не понимаем, что с ним происходит, да? (Вопрос, кто эти «мы», оставим на потом). Потому что: как возможно всё это?

Может быть, оно больно. Тогда мы тоже несём в себе эту малоизученную болезнь. Но к чему такая телесная метафора? Написать «болезнь» — взывать к лечению. Но у обществ и народов нет тел, чтобы повергнуть таковые осмотру терапевта, укалыванию, амбулаторному или санаторному лечению, и так далее. Поэтому слово «болезнь» напрашивается, но не подходит.

Напрашивается, потому что феномен вполне себе «болезненный». И чтобы объяснить его, соблазнительно легко обратиться к какой-то обобщённой формуле: это происходит, потому что они ТАКИЕ. Или «мы — ТАКИЕ» («самообличения» такого рода считаются кое-кем прямо-таки за интеллектуальную добродетель, даром что ни к чему не обязывают).

Так легко сконструировать облик этого социального целого, «российского общества», в собственном воображении превратив его в социальное тело с обобщённой, но одной и единой физиономией, с узнаваемыми повадками. Если единожды это сделать, дальше уже просто всё объяснять. Объяснения стремятся к тавтологии: «это так потому что, *знаете ли*, они (все) такие, поэтому всегда у них это так». Отсюда

41

прямой путь к так называемому социальному расизму: раз они такие, то и каждый из них (из нас) — «такой». Простота построения таких суждений упрощает взаимное понимание.

Соблазну этой простоты нужно противостоять, сохраняя верность сравнительно-социологическому ви́дению. Оно предписывает (именно предписывает), прежде всего, смотреть на российское общество как на одно из многих в прошлом и настоящем. Из обществ, которые сейчас нам представляются «вполне нормальными», не одно бывало таким вот больным в прошлом. И сейчас россияне в этом отношении не «одиноки» (скажем, я пишу это в солнечном Ереване — и только что подумал о соседнем Азербайджане, который со стороны выглядит* вполне готовым совершить геноцид, взять, так сказать, страшный грех на социальную душу, а что об этом думают отдельные азербайджанцы, *это неизвестно*).

Далее, социологическое ви́дение предписывает полагать людей более-менее везде одинаковыми. «Болезнь», хоть я только что написал о негодности этого слова, располагается не на уровне отдельных умов и душ — считать так было бы тем самым социальным расизмом, — но выше или сбоку — на уровне незримых, но действенных социальных институтов и практик. Можно говорить о дисфункции, может быть, о коррупции в широком смысле слова. «Лечение» тоже должно быть предписано, прежде всего, социологически. Но так мыслить — слишком много неизвестных переменных, слишком сложная онтология. Подход — «потому, что они ТАКИЕ» — спасает от этой сложности, тем и привлекателен, и всё же у него есть один принципиальный недостаток.

Достоинство мышления — в способности быть сложным, когда дело доходит до сложных тем и сложных объектов. Социальный расизм — удел «говорящих голов» и разнообразных публицистов: «каждому по вере его».

---

* Это было написано во время блокады Нагорного Карабаха Азербайджаном, начавшейся в декабре 2022 года. Закончилась она, как известно, военной оккупацией Нагорного Карабаха в сентябре 2023-го. Геноцида, о котором как о реальной угрозе в те дни говорили в Армении, не произошло, но всё население Нагорного Карабаха в течение двух-трёх недель его покинуло.

* * *

06.01.2023

ВОЙНА И РИТОРИКА. Вот хорошая новая статья вышла у Михаила Ямпольского*. Он пишет: «...*Господство сегодняшней глобальной экономики — и есть многополярный мир. Он строится вокруг дисперсии центров, которая повсеместно ведёт к ослаблению государств и политики. Влияние в мире постоянно смещается в область экономики, а это приводит к упадку традиционных структур власти, которая неотделима от производства смысла. Лайди говорит об этом совершенно однозначно: «Власть — ничто, когда она не имеет смысла».*

Можно сказать, что российский мятеж против всеобщих правил мирового устройства — это мятеж против господства экономики со стороны государства со слабой и неконкурентной экономической базой. Это попытка противопоставить слабой власти экономических гигантов мираж суверенности (о которой так часто говорит Путин) и мираж смысла — исторического, мифологического и т. д. Такое противостояние опирается на армию — традиционное воплощение самой идеи силы. Россия хочет противостоять западной экономической экспансии и хочет ей противостоять тем сильнее, чем «слабее» ей кажется господство, не опирающееся на грубую силу имперской паранойи.

Своеобразие же сегодняшней ситуации заключается в том, что распавшаяся империя не может собраться воедино кроме как через производство и повторение слов. И это восстановление империи из руин совершенно невозможно ещё и потому, что Россия уже давно заражена «глобализацией». Ведь российский обыватель давно обжился в мире капиталистического потребления и хорошо вписан в сеть микроцентров желания, а государство российское все ещё живет химерами имперскости, делая непомерную ставку на фетиш «деспотического означающего». В этой связи кажется симптоматичным то, что средний класс России так болезненно переживает возникновение препятствий на пути к западным «центрам желания», в то время

---

* Ямпольский М. Режим имперской паранойи: война в эпоху пустословия (26 декабря 2022) // Re: russia. URL: https://re-russia.net/expertise/043/

43

как российские идеологи предлагают им обживать не существующую Евразию имперской паранойи».

Здесь Ямпольский развивает собственную концепцию российской истории в контексте глобальных изменений временности, отношений со временем. В 2017 году я записал с ним интервью об этом*. Так что это совсем не экспромт. Современная Россия как бы экспериментально подтверждает историософскую концепцию Ямпольского, это интересно. С чем я в этой статье не соглашусь, так это с рассуждением об «экспансионизме» современной России в начале статьи. Экспансионистские компоненты в официальной идеологии есть. Выпирают!.. Но «защитные», оборонительные темы, насколько я могу судить, куда сильнее. Впрочем, ещё надо это (их соотношение) специально исследовать.

Ямпольский говорит о «войне» как риторическом феномене. Можно сказать, что прагматика милитарной экспансии не вполне соответствует риторике оборонительной (защитной) милитарности. В современных западных работах о России сейчас всё чаще стали использовать понятие ontological insecurity — «онтологическая небезопасность», объясняя, например, эту официальную озабоченность территориальным суверенитетом, фантазматический страх НАТО и т.д.** Идея «онтологической небезопасности» выглядит правдоподобной в качестве концептуального объяснения. Но подразумеваемое стремление всё время обороняться едва ли совместимо с «имперским экспансионизмом»…

* * *

11.01.2023

ПОКАЯНИЕ — 1. Общее покаяние может быть историческим моментом рождения нового общества, точнее, переучреждения обществом самого себя. Уже в форме «общества ответственности». Вопрос в том, кто может быть субъектом требования покаяния. Если это светское покаяние, а не религиозное, которого только может и должна требовать Церковь.

---

* Ямпольский М., Немцев М. «Нам надо адаптироваться к жизни без истории». Михаил Ямпольский о современных режимах историчности (интервью) (19 июля 2017) // ГЕФТЕР.РУ. URL: https://youtu.be/25hsLgdYaGE

** Pynnöniemi, K. (ed.) 2021. Nexus of Patriotism and Militarism in Russia: A Quest for Internal Cohesion. Helsinki: Helsinki University Press. URL: https://hup.fi/site/books/e/10.33134/HUP-9/ DOI: https://doi.org/10.33134/HUP-9

Риторически требовать покаяния И одновременно при этом каяться невозможно (и первое, конечно, не заменяет и не замещает второе). Субъект такого требования исключает себя из числа кающихся, то есть из этого общества. Метанойя, «перемена ума» составляет ядро процесса покаяния. Она не коммуницируема.

Поэтому отпечатанная в типографии исповедь персонажа «Бесов» отчётливо прочитывается как манифест или памфлет, но не исповедь.

Но кто тогда может призвать к покаянию, и может ли?.. Семантика «покаяния» в светском значении этого слова не проработана, возможно, именно в силу избытка призывающих к нему при недостатке собственно опыта покаяния. Это слово давно обосновалось в политической риторике, но именно в риторике, обращённой всегда к другим. В этой риторике, требование покаяния есть обвинение. Парадокс его в том, что оно обвиняет условного адресата в принадлежности к той общности, которой ещё как раз только предстоит возникнуть благодаря покаянию, точнее, посредством покаяния. Обвиняющие при этом сами себя из этого общества исключают. Объективно, потому что так устроено само это высказывание; субъективно — ...

* * *

ПОКАЯНИЕ — 2. Совместное покаяние можно мыслить как политическую возможность. Оно означает переучреждение сообщества. Сообщество «само» проводит черту под неким прошлым, признавая его и стремясь предотвратить его повторение. Или же, по крайней мере, политически декларируя такое стремление.

Но как оно возможно? Видимо, общественное покаяние может случаться как стихийный процесс, такой, что в его запуске решающее значение имеет изменение атмосферы. *«Атмосфера»* — иррациональное явление. «Атмосфера» (общества) или настроение (множества людей) меняются так, что действия, чуть ранее немыслимые, вдруг становятся естественными. Происходит как бы «бы моральная паника наоборот». Такое изменение настроений ломает старые институты и привычки. Так происходят революции.

Когда В. В. Розанов написал знаменитое *«Русь слиняла в три дня»*, он фиксировал революционное настроение начала 1917 года, которое не было возможно год-полтора назад и которое совершенно «улетучилось» к концу того же года. Когда в Украине был второй Майдан зимой 2013–2014, эта перемена настроения была очевидна прямо через мониторы.

Это примеры непредсказуемых и неповторимых событий. «Общественное покаяние» может быть аспектом уникальной исторической ситуации, когда меняется атмосфера. Но возможность такого изменения — за пределами происходящего по хотению.

В таких процессах невозможно реальное лидерство. Именно потому, что на него всегда есть специфические претенденты. Это о них Ханна Арендт где-то написала, наблюдая послевоенную ситуацию в Европе, что быстрее и охотнее всех свою вину признают те, на ком лежит наименьшая вина. Поэтому претензии возглавить или направлять этот процесс нелигитимны. Но на некоторых людей сравнительно спонтанно начинают ориентироваться другие. Заранее и не знаешь, кто это будет, когда ситуация начнёт меняться.

И тогда авторитетными фигурами вдруг становятся те, кто явно об этом не помышлял. Да, не для всех они становятся авторитетами, но для многих. Годами сочинявшие «в стол», вдруг понимаются на трибуны.

* * *

21.01.2023

Я сужу совершенно со стороны, конечно, но я уверен, что из тех в России, кто добровольно или принудительно идёт на войну, никто не идёт убивать. Точнее, конечно, никто за исключением небольшого количества, тех, кто именно идёт убивать, хочет убивать. Такие тоже всегда есть, — но их всегда совсем немного. Идут за чем-то другим, для чего-то другого.

И вот почему я так думаю. Для подавляющего большинства людей убийство другого человека — это непредставимый опыт. Он за горизонтом возможного.

Это невозможно себе вообразить, то есть именно что я сейчас окажусь где-то «там», и от моих рук умрёт неизвестный мне человек, и я сам буду убит неизвестно как и неизвестно кем. Да, можно проделать такое упражнение: вообразить. Но я бы предложил в качестве подготовительного вот такое: вы выходите из дома (или оттуда, где вы сейчас находитесь) на улицу и первого встречного человека (это может быть кто угодно, это случайность: бабушка, ребёнок и т. д.) изо всех сил бьёте по голове.

Для большинства людей, опять же за исключением психопатов и особых случаев, например, когда кто-то одержим местью, убийство не может быть целью или предметом решения.

Значит, и в разных других войнах на них шли «убивать», в общем, далеко не все. Сейчас я отчётливее это вижу.

В воинских субкультурах этому умению убивать специально обучали, к нему приучали и приучают. И то не всегда «срабатывает».

Ну а для людей, которые случайно оказываются «там», которые об армии и милитарном не думали как о «своём» никогда, опыт реального участия в убийствах (кому «не повезёт») окажется совершенно разрушительным (это грядущая внутрироссийская проблема «ветеранов войны с Украиной»). Но, правда, это уже другая тема.

* * *

23.01.2023

КОММЕНТАРИЙ К ПРЕДЫДУЩЕМУ.

У многих интеллектуалов есть систематическая тенденция требовать, буквально требовать от других людей следовать принципам, которые провозглашают эти интеллектуалы. В частности, в дискуссии по поводу предыдущего рассуждения в фейсбуке были высказаны сомнения одним из читателей, что люди, не задающиеся вопросом о смысле и причинах происходящего с ними, могут считаться (полноценными) людьми.

Конечно, я не против того чтобы «думать». Однако я полагаю, что думай так, не думай, думай иначе, *действовать в ситуации будешь всё равно по ситуации*: эффективно или неэффективно, плохо, хорошо, в общем, как-то, и неизвестно, как эти действия будут связаны с прежде подуманным. Может быть, никак. Может быть, будут. Тем более в экстремальной ситуации.

Ожидания от других особой рефлексивности характерны для людей, в чьём жизненном мире большую роль играют мысли и самоопределение. Но при этом они и занимаются, практически, почти исключительно тем, что мыслят и самоопределяются. Это именно «интеллектуалы» и есть (я и сам так живу). Однако жизнь людей намного разнообразнее. А жизнь интеллектуала — лишь одна из «возможных жизней». Причём интеллектуалы не являются ни более «совестливыми», ни более моральными, чем прочие остальные люди, хотя они лучше подготовлены, чтобы об этом говорить (и *только* эта лу́чшая подготовка их и отличает).

Я бы не ждал, что люди, занятые вопросами выживания и очень серьёзными ситуативными моральными, выборами, будут ещё размышлять на отвлечённые темы, типа: какого чёрта эта война. Такое, безусловно, возможно. Но именно что — «возможно», не более чем.

* * *

23.01.2023

Вынесу из комментариев. Вот суждение: «К покаянию коллективному могут и должны призывать те, кто прошли его индивидуально». Тут я вижу проблему. *Как можно знать, кто его прошёл?* По личной декларации? Если да, то неизбежен тот парадокс, о котором писала Арендт, что больше всех готовы каяться, признавать вину и т. д. именно те, кому меньше всех есть за что каяться, виниться и т. д.

Примеры этому можно наблюдать сейчас в русскоязычных медиа, где российские эмигранты либеральных (в широком смысле этого слова) взглядов, которые не живут в России уже давно и фактически не участвовали «в делах тьмы», сейчас яростнее всех призывают россиян признать, покаяться и т. д. Ну а если не по личной декларации, то как? Всё-таки покаяние — метанойя — слишком, я бы сказал, *интимное* событие, чтобы могло становиться политическим фактом.

* * *

13.02.2023

ПЛОХОЙ ИСТОРИЧЕСКИЙ МОМЕНТ ДЛЯ ПРОБЛЕМАТИЗАЦИИ. Многие дискуссии в русскоязычной медиасфере, к сожалению, имеют дело с проблемами, которые не только не могут быть решены, но даже и толком поставлены быть не могут в текущий момент — до окончания войны. Война закончится. Это политический конфликт, а не «война миров», несмотря на масштаб. И тогда можно будет понять, о чём, собственно, идёт речь, когда идёт речь об ответственности и т. д.

Сравнивают Россию 2023-го и самосознание россиян с некой обобщённой идеализированной Германией, в которой как будто «всё сделали правильно». Но это — даже не Германия «нулевого года» сразу после своей капитуляции, это Германия, уже состоявшаяся как новое и всё более уверенное в себе государство. Это — не Германия самого начала 1940-х с жёстким прессингом национал-социализма на всех и каждого, с Гестапо, непредставимой в современной России ролью НСДАП и других нацистских организаций, и со всем этим прочим. В той Германии не было места ни лекциям Карла Ясперса о «немецкой вине» (сам Карл Ясперс, женатый на еврейке, не знал, сколько он проживёт), ни сарказму Клемперера (тот вообще выжил чудом), ни другим формам публичной речи. Зачем же такие аисторичные сравнения.

Вперёд этого паровоза не забежишь. Так что многое «у нас» впереди, но — потом. После войны.

* * *

В Берлине в музее Штази, кроме прочего, экспонируется чемоданчик из красного кожзаменителя. Это легендарный «der rote Koffer». В нём в кабинете начальника Штази, Министра госбезопасности Эриха Мильке хранился компромат на главу ГДР Эриха Хонекера. У Хонекера, наверняка, был подобный чемоданчик с фактами насчёт Мильке.

Но поразительно, что этот Мильке в сейфе у себя дома хранил компромат на самого себя: документы о своём соучастии в убийстве берлинского полицейского в 1931 году. После объединения Германии его дом обыскали, нашли эти документы, по ним же старика осудили — и посадили.

Сбор компромата друг на друга и даже на самих себя — raison d'être таких вот людей.

* * *

22.02.2023

Президент выступил и два взаимоисключающих дискурсивных хода характерно совместил, когда рассказывал про войну:

1) нас готовились уничтожить, мы обороняемся против ненависти и откровенной агрессии, нам пришлось;

2) Азовское море стало, наконец, нашим внутренним морем.

Тема «самообороны» и тема «удовлетворения территориальными приобретениями/захватами» несовместимы. Первая — из классического национализма, вторая — классический империализм. Он их сшивает в одной речи. Россия — это не империя, но в России есть империалистическая идеология (империализм без империи). И в этой речи он буквально плечом отпихивает национализм. Должно быть, потому, что раз такие территориальные приобретения есть, надо же им придать вес! Пусть постфактум, но обосновать.

Историческая случайность конфигурации фронтов диктует публично заявляемые идеологические положения по старому принципу: «*не достигнув желаемого, они сделали вид, что желали достигнутого*».

И кроме всего прочего, — постоянная война ради войны, нормализованная война как «вещь-в-себе-для-себя», — это очень *скучно*. Вроде как растите детки, растите, из старших не всех убили, из вас тоже не всех убьют. И что, это всё? Невыносимая скука и тоска.

И людоедство как норма жизни, но это как раз не новость.

* * *

27.02.2023

БИТВЫ В СОЦСЕТЯХ. Если идёт война, как помочь в победе той стороне, которая права?

Не имея возможности вступить в словесную конфронтацию с теми, кто совершает военные преступления или обеспечивает возможность их совершать, — они недоступны, — можно атаковать тех, кто доступен. То есть тех, кто читает, кто прочитает. Поскольку происходит это всё в координатах ранее, годами, сформировавшихся виртуальных «пузырей», приходится атаковать тех, кто входит в этот пузырь, — *с кем возможна интеракция.* Тех, кто может отреагировать.

Поскольку о многих из «нас» невозможно сказать, что они прямо «поддерживают войну» или участвуют в ней, основанием для обвинения становятся некие косвенные улики. Герменевтика подозрительности.

Изнутри коммуникативной ситуации это выглядит как *со-участие на правильной стороне,* то есть как благое действие в интересах одной из сторон. И одновременно — это «придирка» или же приписывание неких намерений без достаточных оснований. Я пишу тоже изнутри своего пузыря. «Со стороны» это может выглядеть как странная коммуникативная игра, в которой речь идёт обычно «не о том»: о чьих-то моральных качествах, биографических историях и т. д.

[Прославленная Екатерина Марголис — это крайний, патологический пример приверженности таким «коммуникативным играм». И многие благодаря ей получили ценный опыт осознания того, *как именно это работает*.] Но, в принципе, это общечеловеческое.

Так мысль о войне деполитизируется. Та превращается в социально-психологическую, культурную, цивилизационную, какую угодно проблему, но перестаёт мыслиться как политический конфликт. Из лучших побуждений: надо же что-то сделать!

* * *

09.03.2023

Посвящается Володе Берхину

СХОДСТВА ЛИБО РАЗЛИЧИЯ. Выбор «стремиться к развитию общественной связности» или «стремиться к разрушению общественной связности» — первичный, экзистенциальный. Поэтому не поддаётся доводам рассудочного ума. Грубо говоря, одним важнее найти общее с другими, а другим — выявить отличие.

Некоторые властные и коммуникативные практики стимулируют стремление к проведению границ. Как правило, с целью сохранения ритуальной, что ли, чистоты. Иногда это даже так и объясняют: сохранить чистоту. «Побочным» эффектом становится разрушение связей. И особенно — самоизбавление от возможностей их появления. Но этим как будто можно заплатить за нечто куда более важное.

Известно, что в аду все несчастны. Половина этого несчастья предопределена тем, что *каждый в аду — прав*.

* * *

14.03.2023

«Оскар» американскому док. фильму «Навальный»* встраивается в линию Нобелевских премий мира Дмитрию Муратову и Обществу

---

* «Navalny», документальный фильм канадского режиссёра Даниэля Роэра (Daniel Roher) кинокомпании Warner Bros Pictures.12 марта 2023 получил премию Американской киноакадемии («Оскар») как лучший документальный фильм.

«Мемориал». Так называемый «Запад» (если вообразить себе какого-то единого субъекта за этими награждениями) не просто признаёт российскую культуру, он признаёт существование в России культуры этического политического сопротивления. Ценность сопротивления тирании и лжи — это настолько «западная» ценность, насколько вообще это возможно. Гармодий и Аристогитон, первые тираномахи — основатели Афинской демократии. «*Сыны Отечества, вставайте, Великий, славный день настал!*», «*Give me Liberty or Give me Death!*», и так далее. Уже состоявшаяся история Алексея Навального с его «*я не боюсь и вы не бойтесь*» в этом же ряду.

Эта культурная традиция сопротивления в России противостоит культурной гегемонии авторитарного государства. Для коей рабство — естественное состояние человека, а лучшее, что может статься с человеком, это смерть в штыковой атаке на укреплённый район (и чем больше жертв, тем больше героизма). Они несовместимы.

Но ценность сопротивления — общечеловеческая ценность. Этот язык понятен всем и везде. С «языком рабства» не так. В большой исторической перспективе, когда (и если) в России будет восстановлена республика, нужно будет опереться именно на неё. А проповедники рабства исключительно для «местного употребления» будут забыты.

* * *

16.03.2023

МОЯ ЖИЗНЬ. Из года в год: привыкание к жизни в местах с разной темпоральностью, к пространствам с разными мерами кривизн. Одни более приемлемы, другие менее, но что же делать, — обживать и те и эти…

* * *

26.03.2023

К РАССУЖДЕНИЯМ О РОССИИ. Рассуждая о России, философы что в толстых томах, что в фейсбучных постах, подразумевают под «Россией» некую свою собственную «*идею России*». У любого жителя страны, тем более — у тех, кто в ней вырос и кто искренен в своём к ней интересе, есть своё представление о «России», которое может быть изложено в форме ответа на вопрос: «Что это такое?»… Безусловно так.

Философы выдают это изложение образа у себя в голове за нечто бо́льшее, за теорию. Первейшие признаки, по которым узнаются такие (прото)теории — *статичность и гомогенность образа*. Такая «Россия» лишена реальной внутренней динамики. Если «там внутри» есть противоречия, они просты и лишены настоящей истории, то есть не развиваются. «Россия» сводится к нескольким определениям, а всё рассуждение сводится к объяснению этих определений и их соотношений.

Такое рассуждение, особенно если оно в чисто публицистическом отношении хорошо, броско написано, легко достигает успеха. У читателей или слушателей возникает ощущение узнавания собственных мыслей, как в проясняющем зеркале. Те, чьи мысли философ подтвердил, испытывают при этом приятное чувство правоты.

Но в действительности-то подтверждается сходство опыта, в котором укоренены эти образы России у данного философа и у аудитории. Поэтому первое, о чём надо бы спросить такого философа, это об эмпирическом (материальном) источнике его или её рассуждений: *откуда именно они знают то, что они знают о России?*

(Например, понятно что «Власть» — это важная часть такого эмпирического опыта, поэтому «власть» становится, как сказали бы гегельянцы, *первым определением «России»*, — а многим этого уже и достаточно. Тогда получается, как писал В. В. Розанов, философия поротого человека, правда, человек этот не рефлексирует сам факт порки, а создаёт метафизику розг. И так далее).

…В российской социальной и политической философии должна наконец произойти перенастройка с проблемы «власти» на проблему «государства».

Так будет преодолён затянувшийся с грибоедовских времён спор «сторонников самовластия» с теми, «кто за свободу».

* * *

30.03.2023

БУДУЩЕЕ. Как предмет массового воображения россиян и тема публичных дискуссий, оно было *принудительно элиминировано* «сверху» в 2010-х. И это привело к чудовищному упрощению политической сферы. Теперь «будущее» — не более чем длящееся настоящее. Его динамика — постоянно ухудшаться. «Будущее исключительно как источник неясной, но неотвратимой угрозы» — оптимальный образ будущего для любой тирании. Ну а в России «и без того хорошо» с ощущением угрозы.

Алексей Навальный был совершенно прав, заявив лозунг «Прекрасная Россия будущего». Какими бы словами ни описывать эту «прекрасность», важнее всего была фиксация необходимости *мысленного разделения* нынешней России настоящего и (прекрасной) России будущего. Только так возможны новации и развитие.

Иными словами, нам, россиянам, очень нужны утопии. Разные. Пусть они конкурируют.

Идея — «пусть она исчезнет, тогда и проблемы решатся» — является проявлением без-мыслия, то есть глупостью (даже когда это пишут уважаемые интеллектуалы, всё равно — ну, глупость).

* * *

04.04.2023

АКАДЕМИЧЕСКОЕ. Современная «русская философия войны» — это апология социального паразитизма. В баснословные времена был такой интернет-мем: *можно грабить корованы*. Вот это она и есть. Войны — это когда всё можно. Вообще всё. Начиная с того, чтоб грабить корованы. Рефлексия, мышление, тормоза, всё это лишнее. Именно поэтому такую философию очень легко придумывать. Неудивительно, что на этом поле пасутся люди, не научившиеся, как придумать хоть один чёткий убедительный аргумент. Впереди расцвет «русской философии войны».

* * *

05.04.23

Мы все относимся к гг. Путину, Пригожину, Пушилину и Кириенко одинаково, и, разумеется, за дело, но как выразить им это своё отношение? Они не читают наши соц. сети.

Если уж эти записи «там» читают, то совсем другие люди. Они не вступают в дискуссии, вместо оружия критики у них под рукой критика оружием, это неинтересно. Отношение как-то застаивается, это неприятно.

Но можно выразить это своё отношение непрямым образом: как отношение к тем, кто нас читает.

Кто-то что-то не так написал или — ещё того хлеще! — вообще не написал. Вот страсти-то тут и кипят. Был один чудак, который искал

ключ под фонарём, а был ещё один чудак, который рыбачил дома
у себя в ванной. Во-первых, чтоб на озере не мёрзнуть, во-вторых, га-
рантирован результат!

* * *

«ПОНЯТЬ ЗНАЧИТ ОПРАВДАТЬ». Следовательно, полагают, что
и попытка понимания есть декларация воли к оправданию.

Да, у такой позиции есть феноменологические основания, но всё-
таки — *не так: понять значит признать*, то есть как бы дать своё
согласие на существование «этого», позволить «этому» быть, пере-
строить мир с учётом бытия «этого». Оправдание безусловно подразумевает признание. Но признание не обязательно влечёт за собой
оправдание. Признание — онтологическое решение, оправдание —
этическое, оно следует за ним. Но может и не следовать! Это отдель-
ное и особое решение.

Неразличение «признания» и «оправдания» приводит к этическо-
му обоснованию отказа от понимания.

Мысль по итогам недавних моих разговоров «о российском обществе».

* * *

Рассматривал недавно журнал, сделанный в одном из петербург-
ских колледжей. Учащиеся делали его совершенно сами, руководство
колледжа сказало, мол, хотите — делайте, сами писали статьи, верста-
ли, подбирали картинки и т.д., сами печатали в типографии. Он очень
красивый. Внутри журнала обнаруживается всё то, что можно ожидать от такого журнала: немного качественного (да!) краеведения, му-
зыка, рецепты, лирические стихи, современное искусство. Никакого
милитаризма, то есть вообще никакого.

Это лишь один такой случай, но что я увидел: если к 20-летним
ребятам не пристают озабоченные демонстрацией «патриотизма»
(такого, что в кавычках) взрослые, они качественно делают журнал
сами для себя — и воспроизводят свой мир. В этом мире — музы-
ка, профессии, отношения, прогулки по городу, естественно — «всё
как и у нас было», там попросту *нет места* зет-риторике, убийствам,

нагноениям исторической гордости и т. п. Весь этот бред, будучи помещённым в «нормальные условия», — лишь удел определённой субкультуры, и не более.

Это как раз не значит, что эти ребята аполитичны, о нет, они попросту выросли в цифровом мире и уже усвоили правила ментальной гигиены. Не только Путину, но и Прилепину им попросту нечего сказать.

* * *

Российский сектор фейсбука воспроизводит наши же российские коммуникативные привычки. Медиа есть медиа: это не генератор, но усилитель.

С некоторых пор я жду, когда будет сформулирован и открыто заявлен тезис: «противники войны хуже сторонников войны (заслуживают бо́льшего осуждения), поскольку они — тоже сторонники войны, но притворяются». Чувствую, назревает. Это будет любопытный, хоть и прискорбный, *дискурсивный коллапс*, он войдёт в историю этих дискуссий. Вопрос — кто первым взберётся на ту вершину.

…Вот тут-то классический русский вопрос «что делать с теми, кто виноват?» окончательно проявит свою социально-идиотическую сущность и самоуничтожится. И наконец-то мы начнём разговаривать по-человечески.

* * *

ДВА РАЗГОВОРА.

1.

— Вы нас все ненавидите!
— Я вас ненавижу?
— Все вы!

2.

— Тайна русской души в том, что под Толстым и прочими коллективным достоевским скрыт коллективный Чикатило!
— На дне любой души…
— Не любой! Русской!

* * *

О СВОБОДЕ. Свобода (общественная) как искусственный продукт «хорошо устроенных институтов». Практически отсутствующий в российской публичной сфере способ думать о свободе — и об институтах — отчего много бед.

* * *

20.04. 2023

ВОТ ЧТО МЕНЯ ЗАБОТИТ: как на глазах происходит воспроизводство ещё явно (ранне)советских коммуникативных ритуалов коллективного устыжения и разоблачения*. Устыжения посредством разоблачения. Фраза из фильма: *«Наши люди в булочную на такси не ездят!»* — опять ещё как актуальна. Наши люди не такие, как эти. Нашли «внутреннего врага», и сливаетесь во взаимопонимании: как «они» саморазоблачились, так нельзя! и т. д.

Если бы я работал на кремлёвских, я бы точно знал, как манипулировать оппозиционной публикой, не позволяя сформироваться какому-либо чувству доверия, солидарности и взаимного понимания: *просто каждый день формировал бы поводы кого-нибудь разоблачить и устыдить.* Вот сегодня такой повод: в инстаграмме чрезмерно шикарные фотографии каких-то новейших эмигрантов**. А вчера — Екатерина Шульман «не то» написала. Завтра вокруг обличения кого-нибудь ещё вновь сольётся в моральном экстазе коммуналка. Это бесконечная история. Её можно прервать только *собственным волевым усилием.*

Почему бы не позволить (мысленно) людям, ну, просто жить как они живут? Совершать ошибки, писать глупости, выкладывать нелепые фотографии и т.д.?… Пусть все живут, как хотят. Я не имею в виду публичные призывы к войне и т.п. Я имею в виду ежедневный быт, в том числе его онлайновую сторону. Ну фотографии, некое самолюбование. Ну и..? Зачем-то опять начинается эта история с выяснением морального облика по фотографиям.

---

* Хархордин О. Обличать и лицемерить. Генеалогия советской личности. СПб: ЕУ СПб, 2002.

** Это был фотопроект Сергея Пономарёва RELOCATED (https://www.lensculture.com/projects/1787414-relocated). Характерные реплики, вызванные его опубликованием, собраны Ильшатом Зариповым на сайте «Радио Свобода» 21.04.0223 — «Хорошие русские со сковородкой. Рунет о фотопроекте RELOCATED» (https://www.svoboda.org/a/horoshie-russkie-so-skovorodkoy-runet-o-fotoproekte-relocated/32373298.html)

57

Это наш самодельный коммуникативный ад. И зачем и кому он нужен — загадка для меня. А ведь как просто, казалось бы, его пресечь!..

* * *

О ТЕРРОРЕ. Российское общество живёт теперь под действием террора. Но это действие извне не заметно, и поэтому наблюдатели не знают о нём ничего.

Это как family abuse — вроде всё хорошо, и дом полная чаша, и тем, кто «там внутри», никак даже не рассказать о переживаемом (см. фильм Томаса Винтерберга «Торжество»).

Примечательно, что террор почти не осмыслен в русской философии и даже в литературе. «Архипелаг ГУЛАГ», да. Но вообще-то это совершенно неизученная тема.

На протяжении жизни нашего, да и предшествующего поколений, люди в Европе не встречались с таким террором. Не хватает средств для его понимания, языка для понимания.

Это как всматриваться в слепящий свет солнца — слишком прозрачен, чтобы его заметить.

* * *

Мне трудно себе представить это: допустим... проходят годы, сменяются поколения. Ну вот допустим, этих людей во власти уже больше нет, совсем изменилась повестка, а Владимир Кара-Мурза — всё в тюрьме, да?.. Кто через 5 лет сможет объяснить, что означает (цитирую обвинение) «распространил под видом достоверных сообщений заведомо ложную информацию»?... Или что значит «фейки о российской армии»?..

Владимир Кара-Мурза превратится в «железную маску» кремлёвских. Но такую «железную маску», что о нём все будут знать, российскому руководству будут задавать вопросы на пресс-конференциях в ООН, или угрожать задать такие вопросы и т.д. Это они, впрочем, легко переживут, но.

Ужас.

* * *

08.05.2023

ЭКЗАМЕН.

Вот стихотворение Жени Беркович*:

Анжела кричит и не хочет спать.
Двенадцать протяжных нот.
Сейчас замолчит и начнёт опять,
И так двадцать первый год.
Последнее время совсем беда,
Четвёртая ночь без сна.
У мамы Анжелы война всегда,
Не только, когда война.

Анжела боится, когда кричат,
И сразу кричит сама.
У мамы Анжелы отдельный чат
Для тех, кто сошёл с ума.
Для мамы Никиты, который бит,
И Дани, который бьет,
Для тех, кто не плачет, не ест, не спит,
И так двадцать первый год.

Оксане все время нужна вода,
Все время вода нужна.
У мамы Оксаны война всегда,
И сверху ещё война.
Оксана боится людей и войн,
И нынче совсем беда,
Три месяца этот протяжный вой:
Оксане нужна вода.

Анжела не может кричать слова,
Но знает «уйди» и «ам».

---

* Копирую со страницы Михаила Козырева в сети Facebook, публикация 8 мая 2023 года: https://www.facebook.com/misha.kozyrev/posts/pfbid0iNvLYWy94 vE4V6VfrtHEte2TmFSHaj5BxwgDqerRNi6WNk25Mpbe4xJ6HbJrz1CMl

У мамы с Анжелой вокруг Москва,
А мама с Оксаной там.
И двадцать второй наступает год,
Смыкая свои ряды,
Оксана кричит,
И подвал трясёт,
И нету воды,
Воды.

...В прошлом году я часто вспоминал одно длинное стихотворение Андрея Егорова (ниже). Он пишет: «*и я всегда помню то, что она сказала, /когда всё кончилось, и надо было жить дальше: / если история и правда чему-то учит, / то я думаю — / уж мы-то не провалим экзамен*». О каком «**экзамене**» говорит Марина, в чьём сердце — «*львица,/ зверь с сердцем любящим и отважным*»? Это очень важно.

Российско-израильский поэт Евгений Никитин написал в 2022 году — «Андрей, ты писал «не провалим экзамен», а мы провалили»*. Да, похоже, что провалили. «Не то» делали или «не туда» шли, ошиблись... — Но как его не провалить?.. Стихи Жени Беркович как будто обозначают точку отсчёта перспективы, в которой этот экзамен можно *не провалить* (пусть и не сдать). Во-первых, речь у неё идёт (всегда) — о событиях в координатах «∟любовь, ∟жизнь, ∟смерть».

Философ Олег Игоревич Генисаретский называл это «*жизнесмертной реальностью*». В «жизнесмертной реальности» попросту все предстоят перед лицом страдания, любви и смерти.

Жалко всех. Собственно, понятие «*жалость*», которое теперь некоторые интерпретируют как «лишение субъектности» — это и есть, если верить Владимиру Соловьёву, этическое отношение к равному. Но к «равному» в каком смысле? — как к стоящему перед лицом любви, страдания и смерти. (При этом я считаю бессмысленным даже

---

* Евгений Никитин. Публикация на странице проекта NO WAR — ПОЭТЫ ПРОТИВ ВОЙНЫ // https://nowarpoetry.com/authors/eugeny-nikitin/

намёки на обсуждение вопросов типа: «а кого больше жалко: российского солдата в Бахмуте или украинского солдата в Бахмуте?» — моральное чувство это же не спирт, который разливают, чтоб всем хватило и никого не обидеть!). Во-вторых, вот что важнее всего вычитать у Жени Беркович: точкой отсчёта этой жизнесмертной реальности по-хорошему-то должен быть не «я сам», а другой. Попросту тот или та или те, КОМУ ХУЖЕ ВСЕХ.

Думаю, а не это ли открыл для себя когда-то граф Лев Николаевич Толстой — и мучился потом, что не сдал и никогда уже не сдаст экзамен. Но мы и его уроки если учили, то забыли.

Женя Беркович возвращает — туда, к тому же.

Итак, Андрей Егоров, «Из цикла «Очевидные вещи»» (опубликовано в «Новом мире» 2010, № 7):

1

…общие рекомендации: передвигаться ночью,
не употреблять в пищу незнакомые организмы,
кипятить воду, не поддаваться панике…
…навыки ориентирования и владения оружием,
основные приемы выживания в неблагоприятных условиях
повышают шансы — научите им ваших близких…

остальное оборвано

2

маленький, — шепчет Марина, пряча памятку в нагрудный
и проводя ладонью по изрядно округлившемуся животу,
как каждый вечер с того момента, как поняла,
что тошнота и слабость значат не смерть,
а совсем другое

маленький, — шепчет Марина, — *я даже не знаю, кто твой папа*
Алеша, или кто-то из тех мародеров,
тот ли щуплый солдатик, я не знаю, я не хочу знать,
это не повысит шансов, а мы,
малыш, мы ведь собираемся выжить, правда?

и я научу тебя охотиться и рыбачить,
разводить костер и перевязывать раны
и непременно — слышишь? — читать и писать,
чтобы ты знал, чтобы другие знали,
что тут было
и что стало потом

забрасывает костер землей: уже стемнело
и можно двигаться дальше. Рюкзак, ружье, живот;
как тебя только ноги еще держат, —
усмехается про себя Марина, —
мамина дочка

3

три четверти века спустя, прикрутив — больше по привычке,
чем из необходимости — фитилек керосиновой лампы,
Алексей пишет скупым бисерным почерком
на полях "Илиады":

…и пока я рос в ее чреве,
в ее душе росла львица,
зверь с сердцем любящим и отважным

неудивительно, что когда настало время
нам вернуть себе нашу землю
мама была среди тех,
кто вел нас

и я всегда помню то, что она сказала,
когда всё кончилось, и надо было жить дальше:
если история и правда чему-то учит,
то я думаю —
уж мы-то не провалим экзамен.

4

(Из предисловия к сборнику «Поэзия Железного века»)
«…структурное и семантическое единство,
кажущееся на первый взгляд удивительным —
в отсутствие какой-либо единой поэтической школы —
на самом деле совершенно закономерно
и обусловлено […]

…основная парадигма поэзии Железного века:
запомнят только то, что затвержено наизусть,
за чем не поленились вернуться,
что не задумываясь выхватили из огня,
на что не поднялась рука […]

…хотя и явилась
не имеющей себе равных в истории человечества катастрофой,
но вместе с тем дала однозначное решение
одной из главных проблем творчества, а именно —
объективный критерий ценности последнего;

критерий, которому, несмотря на его очевидность,
мы затрудняемся подобрать название,
если же таковое будет найдено,
то по праву займет место в одном смысловом ряду
с такими терминами, как "любовь", "жизнь", "смерть"
и тому подобными».

* * *

21.05.2023

ФИЛЬМ «12 РАЗГНЕВАННЫХ МУЖЧИН» (Twelve Angry Men) это фильм о правосудии. Классическая «судебная драма», как можно прочитать в аннотациях. Двенадцать мужчин, судебные присяжные, однажды вечером случайно собранные в одной комнате, должны решить — виновен ли некий мальчик в убийстве отца. Они могут решить, что его виновность не доказана судом, и применить принцип обоснованного сомнения (reasonable doubt). А могут быстренько проголосовать «виновен» и разойтись. Так большинство из них и собирается сделать. Тем более, что в комнате душно (близится гроза), и у них вечером дела. По закону голосование присяжных должно быть единогласным. Один отказывается голосовать «за» без детального обсуждения дела. Другие мужчины стараются на него надавить, чтобы не задерживал. Всё ж ясно.

Нет, говорит он, не всё так однозначно, давайте ещё раз обсудим всё это. И им приходится так сделать. Постепенно в услышанной ими в зале суда истории выявляется всё больше «неоднозначностей». Постепенно они увлекаются их распутыванием. Постепенно каждый из них понимает, что вроде бы ясный случай, — мальчик поссорился с отцом и ударил того ножом, — совсем не ясен, что свидетельства свидетелей неправдоподобны, и поверить, что именно этот мальчик убил этого мужчину именно так, как о том рассказывали в суде, они больше не могут. И они голосуют «не виновен». Они не знают, кто убил. Они только знают, что убил не этот мальчик. Побеждает *неоднозначность*.

Часто именно так у нас формируются убеждения. В некотором возрасте у нас возникают мнения и взгляды по разным вопросам. В том числе по самым сложным и значимым, касающимся ценностей, отношений между людьми, как распоряжаться жизнью своей и других вообще. В общем, мы знаем, что такое «хорошо» и что такое «плохо», у нас есть принципы, они логичны, выверены и просты.

Тогда приходит время ждать от себя следования этим принципам, а от других людей — как минимум их понимания, а если понимания, то и признания и согласия. Мы (как бы) понимаем, что те, кто не следует этим простым принципам, заблуждаются. Или же они — попросту не хорошие, «недоброкачественные» люди: понимают как надо, но не делают этого.

Однако самонаблюдение быстро показывает, что этим ясным принципам и ими обоснованным правилам мы и сами не следуем, хотя хотим. Что же говорить о других. И тогда мы понимаем, что принципы эти условны, что на каждый находятся исключительные случаи, что достигая одной ценности мы пренебрегаем другими, и так далее. И что «всё неоднозначно». Так появляются сомнения, скептицизм, даже цинизм (он кажется результатом анализа и понимания того, как «всё обстоит на самом деле»), и насмешливое отношение к принципиальности других: они ещё или вообще не понимают, как в реальности-то жизнь людей («обидней, проще и не для интеллигентов», писал Зощенко).

(Именно в это состояние убеждённости, что «всё неоднозначно» стремится ввести сейчас россиян государственная пропаганда. Если спросить, что она пропагандирует, ответ однозначный: она пропагандирует «неоднозначность»).

Постепенно, долго, мучительно из этой неопределённости может вырасти всё-таки убеждённость в возможности и необходимости принципов. И действий в соответствии с ними. Таких принципов будет, может, *немного*. Они будут учитывать саму эту сложность жизни, её зависимость от случайностей, неустранимость её конфликтов, неясность целей и определяющее влияние на людей всякой ерунды. Принципы и правила, которые несмотря на всю эту неоднозначность жизни, с учётом её и ради неё, всё-таки вызревают в мышлении, можно назвать «*убеждениями*».

Старая моральная философия считала такую совокупность убеждений *характером*, а характер — настоящим жизненным достижением. В отличие от первоначальных «убеждений», которые как бы сами собой даются всем по итогам первоначальных самостоятельных раздумий на «выходе» из отрочества и юности, характер не приходит сам собой.

«Характер» формируется у людей, если они действительно заняты тем, чтобы думать и вникать в происходящее с ними и другими, к второй половине жизни. А может и не сформироваться. Кто-то вполне может остаться навсегда на этом этапе сомнений и неясности; скорее всего, с большинством людей именно это и происходит. Чтобы двинуться дальше, нужно как минимум личное усилие, и ещё чтобы жизнь давала время подумать, не ставила в ситуации травмирующего изнурения.

Но невозможно сформировать убеждения, если не пройти через марево сомнительного периода: «не так всё однозначно». Через многолетнее погружение в него.

В России, замечу, слишком ценится как раз однозначность. По ней узнают своих и отвергают «чужих». В России поэтому люди, сформировавшие у себя «характер» и поэтому сутью дела занятые больше, чем вопросами правоты, представляются какими-то аморальными, беспринципными. В каком-то важном смысле слова люди характера, давно потерявшие девственность, типа, «всё однозначно», действительно «уже» беспринципны.

Эти 12 мужчин не обязаны достичь какой-то определённости. Они не следователи и не судьи, они «всего лишь» заняты *совместным преодолением очевидности*. Достигнутое ими ясное видение «неоднозначности» всего дела становится их достижением, их победой.

Сделав свою работу присяжных, они расходятся из той комнаты, чтобы никогда не встретиться, — как раз кончился дождь.

* * *

22.05.2023

Труднее всего мне принять в современной российской публичной, в том числе сетевой, повседневности — вот эту чудну́ю манеру изъясняться с сарказмом и массой каких-то прозвищ-ярлыков. Когда чьё-то «мнение», мнение воображаемых «их» (не оппонентов, но неких... подразумеваемых «тех») представляется сразу же в карикатурном виде. И невозможна уже никакая, хотя бы минимальная дискуссия.

Могу представить себе такое подхихикивающее высмеивание с этим «*ну мы-то все же тут знаем о ком речь, да*»* как тактику в публичной дискуссии, метод т. н. «чёрной риторики», когда нужно зачем-либо быстро словом уничтожить противника. Такое бывает. Но как постоянный способ коммуникации? Каждый и каждая, кто пользуется им, разрушает общественную связность, делает общение ещё менее возможным, каждый раз совершает убийство общества.

Поскольку именно это в нашей власти: говорить так или говорить по-другому. И поэтому все мы ответственны за то, как мы пользуемся своей речью и зачем: для разрушения или для развития общественной жизни.

Я о постсоветском русскоязычном пространстве, но в первую очередь, конечно, о российском.

* * *

23.05.2023

Доказывая соседям по «информационной деревне» их гнусность, моральную и поэтому — человеческую несостоятельность, называя их

---

* К этому добавлю ещё расхожее «*ну, с этой (с этими, с этим) всё ясно*».

разными едкими словами, вы искренне рассчитываете, что теперь-то они правильно поймут, что есть добро, а что зло, и будут лучшеть, благодаря вас за прочитанные и услышанные в свой адрес разоблачения такими словами: «спасибо, раньше-то мера нашей гнусности до нас не доходила, а теперь мы её осознали, будем исправляться!»

* * *

23.05.2023

ИТАК: КАК ЖИТЬ ВМЕСТЕ? Публичная речь, коммуникация — за них мы, люди, можем *отвечать*. Потому что в наших силах использовать те или другие слова. Поэтому именно ЗДЕСЬ, в практике публичной речи, — «архимедова опора». Чтобы опереться в суждениях об «ответственности», о совместном ответственном действии… И в связи с ними — об этике.

Написав это, я понимаю, что вступаю в область непонятную и редко обсуждаемую. Я думаю, что для большинства участников наших, так сказать, публичных дискуссий сама «публичная сфера» отсутствует как предмет мысли, тем более, как предмет заботы. Насколько я вижу, политическое воображение взрослых участников дискуссий в постсоветской русскоязычной среде последовательно индивидуалистично, и публичная речь используется прежде всего для поиска «своих» и самовыражения — по сути, для обмена аффектами.

«Институты» в таком политическом воображении отсутствуют. Следовательно, чрезвычайно ограничены возможные в нём представления о *действии*.

Действовать поэтому должны какие-то другие «они».

Ближайшим результатом этого становится отсутствие представлений о совместном действии и о коммуникации как основе совместного действия. Коммуникация нужна для самоопределения. В таких условиях оно может быть только моральным, но не деятельностным. Получаем массовую привычку бесконечного проведения различий между «своими» и «не своими» и публичную речь, максимально приспособленную именно для этого.

У этого «способа общаться» есть своя генеалогия. Я нарочно пишу «постсоветский». То есть нас всех этому долго учили посредством

67

государственного террора. Но длить или не длить теперь этот социальный опыт нескольких поколений — за это мы уже действительно отвечаем. Разрушение общественной коммуникации это путь наименьшего сопротивления, это «естественно». Не удивительно, что столь многие по нему идут, вероятно, считая, что круша самое хрупкое, они борются со злом вообще и путинизмом в частности, хотя это всё равно что заливать огонь маслом. Напротив, развитие общественной связности требует специальных усилий, это сложно.

Парадокс современной русскоязычной публичной сферы состоит в том, что её разрушение часто воспринимается как морально правильное, этически одобряемое действие. А действия, даже простое выражение намерений по её сохранению, напротив, как сделка с дьяволом.

Александр Морозов недавно обрисовал* широкую панораму нового русскоязычного общественного движения, которое самосоздаётся вот прямо сейчас теми, кто уехал из России после начала войны, и теми, кто связан с ними в России и других постсоветских странах. Как часть этого процесса я задаюсь вопросом, *возможно ли преобразование норм коммуникативной этики? Поскольку воспроизводить то, что мы имеем сейчас, это путь в дурную бесконечность взаимного коммунального страдания.*

«Но есть Путь». Но он сложен.

И проблема «коллективной ответственности» располагается совсем не там, где её теперь привыкли искать и находить.

* * *

25.05.2023

Государственный террор проявляется «со стороны» как массовое согласие с собой, как тупое не-сопротивление насилию. Его удивительный парадокс в том, что чем внимательнее внешние наблюдатели террора, тем вернее их подводит весь опыт «критического

---

* Александр Морозов. Запись в сети www.facebook.com от 22 мая 2023. URL: https://www.facebook.com/amoro59/posts/pfbid02TMSXznw29TtV8mXYqEQ HREu7uptHXXHbkKBbZqVBTnzHFW7s2ANb8F12Mb1gcfjZl Хорошее дополнение его же: Морозов А. Ландшафт сейчас и после войны (12 сентября 2023) // COLTA URL: https://www.colta.ru/articles/specials/29726-aleksandr-morozov-uehavshie-ostavshiesya-perspektivy

мышления», казалось бы, и накопленный книжной культурой как раз в борьбе с гос. террором. Тем более они склонны полагать следствие причиной. И поэтому (безошибочно!) находить источник террора в уже изменённых им душах и телах.

Террор находит признание дважды: в устрашённых телах и расслабленных душах своих подданных, — и в критических умах своих противников.

(Сколько лет я занимался историей России ХХ века, а этого не понимал, и научила меня этому френдлента фейсбука.)

* * *

26.05.2023

ЕЩЁ О ТЕРРОРЕ. Продолжаю думать о терроре, о феноменологии террора. Полагаю, именно сейчас это крайне важно*.

Одна из особенностей террора — пронизывающее чувство одиночества, зыбкости любых связей, опор. Невозможно говорить, невозможно действовать словом, значит, *вообще* действовать, и именно это вот переживание невыразимо, и невыразимость самого важного передельно отчуждает. И она же не позволяет превратиться переживанию в опыт, разве что, может быть, у тех, кто научился связному внутреннему диалогу ещё до попадания во власть террора (и кто может более-менее спокойно выспаться).

И даже чувство: «на миру и смерть красна» — больше невозможно. Роман Ганса Фаллады об антинацистском сопротивлении в Берлине потому и так и называется «Каждый умирает в одиночку» (буквально так: «Каждый умирает за себя один» (*Jeder stirbt für sich allein*). Каждый умирает за себя, даже не имея возможности умереть за других).

* * *

27.05.2023

Второй день осмысляю собственную догадку, что интеллектуальная критика общества, находящегося в состоянии (или тут вернее сказать — «во власти?») государственного террора, пользуясь всеми

---

* Летом после этих размышлений был написан очерк: «Террор и речь. Тезисы 2023 года». Он опубликован в декабре в KOINE. The Almanac of Philosophical Essays. URL: https://www.koine.community/wp-content/uploads/2023/12/2023.-9.-Nemtsev.pdf).

ресурсами критической теории, неминуемо должна прийти к выводу: источником этого террора является объект или материал этого террора (слово «жертва» тут не уместно).

То есть, применительно к России, неминуем теоретический вывод, что основную «ответственность» за мобилизацию и репрессии несут мобилизуемые и репрессируемые.

(И именно в том, что «они» не признают эту ответственность, на взгляд некоторых авторов, с которыми я спорю, и состоит «их» худшее моральное преступление).

Это любопытный парадокс. Избежать его можно, вероятно, с помощью кантовского «категорического императива»: «относиться к другому человеку как к цели и никогда только как к средству».

Собственно, именно в этом случае он и становится по-настоящему необходим — *для сопротивления собственному дискурсу.*

* * *

31.05.2023

ЕЩЁ ОБ «ОПТИКЕ ТЕРРОРА». Человек в условиях государственного террора, допустим, стремится сохранить достоинство, насколько это возможно. То есть «сохранить лицо», как призывает делать профессор Сергей Зенкин в статье «Ремесло заложника»*. Это означает, что он, этот человек, ответственно относится к своим публичным (речевым) проявлениям. Скорее всего, он будет делать вид, что. И каждый осознаёт про соседа, что это именно «делание вида» как притворство, все альтернативы которому хуже. «Сохранять лицо» это и значит «делать вид». (Так от самураев старых времён требовалось не показывать голод и усталость, постоянно изображая спокойную сосредоточенность). Воспроизводить повседневность с её привычками и обрядами. Можно ожидать, что он или она не будет рисковать без явной необходимости.

Если он или она склонны к сопротивлению, которое в этих условиях не может превратиться в восстание, непредусмотрительность

____

* Зенкин С. Ремесло заложника // Перед лицом катастрофы. LIT Verlag, 2022. С. 27–34. URL: https://theins.ru/knigi/259869

будет делать это сопротивление публичным фактом. Можно ожидать, что он или она не будут демонстративно участвовать в предосудительных действиях, им лучше подойдут как раз незаметность, обычность. Под давлением террора люди точнее распознают тех, кто под собственной маской обычности предпринимает усилия, чтобы избежать того или этого, или поддержать кого-то (*поддержать другого это и есть неотнимаемый минимум действия*).

Говорить при этом о том, о чём невозможно говорить, — это недостойно. Потому что так происходит инфляция способности говорить: слова, до́лжные порождать действие, не могут этого, лишаются перформативной силы, этим лишают произносящего их последних сил («писать» или «говорить» — тут всё равно).

Государственный террор как бы проводит обережный круг: внутри — принудительная бессловность, снаружи — обманчивая очевидность происходящего «там внутри». Сейчас в высказываниях российских эмигрантов разных времён можно наблюдать работу этой очевидности: что «внутри» является работой по сохранению достоинства (как необходимого минимума, опоры для всего остального), «снаружи», из открытого общества, представляется аморальным конформизмом. Звучит или пишется тезис, что «они "там, внутри"» променяли бытовой комфорт на принципы. Или, как написала недавно одна знакомая, предпочли супермаркеты свободе.

То есть, *сама повседневность попадает под подозрение*. Правильным моральным решением как будто был бы отказ от неё, самостоятельное разрушение повседневности «снизу» в ответ на её оккупацию и разрушение террором «сверху». Морально (даже не политически!) скомпрометированным оказывается само стремление людей держаться за рутину для самосохранения в качестве моральных существ, обладающих достоинством. А ведь почему-то они хотят продолжать жить.

Так проявляется искривляющая оптика террора.
И даже люди, всю жизнь занимавшиеся социальными исследованиями, его искренне поддерживают.

* * *

03.06.23

У Галины Рымбу есть книга стихов «Ты — будущее»*. Фантастически прекрасное название для книги стихов, лучше просто не может быть.

* * *

12.06.2023

С подрывом дамбы Каховской ГЭС** россияне (граждане страны, ведущей агрессивную войну) — лицом к лицу перед *ответственностью за экологическую катастрофу.* Этот тип совместной ответственности традиционно в СССР, и потом РФ, относился за счёт высшего государственного руководства. Антропогенные экологические проблемы были консенсусной темой массовых протестов в позднем СССР. С тех пор экологическая тема (точнее, природоохранная) так и осталась самой легитимной основой для политической мобилизации и протестов.

И эти протесты имеют шансы быть поддержанными в том числе и гос. администрацией разных уровней. Самые успешные массовые протесты в России недавно — это защита Шиеса в Архангельской области, шиханов в Башкирии — были экологическими протестами. Такие экстренные экологические проблемы, как там, связаны с политическими решениями очень высокого уровня. Уже это естественным образом выводит их из зоны ответственности «обычного населения». Тут ясно: есть «они» — и есть «мы», которые «ими» никак быть не можем.

Это вообще в мире так: природу портят алчные корпорации, коррумпированные политики, которые имеют возможность натворить то, чего обычные люди никогда никак бы не смогли… — но они могут соединёнными усилиями этому противостоять.

Война как экологическое бедствие. Ответственность за убийства, разрушения и т.п. — она понятна. Как принять на себя ещё и ответственность за природное бедствие… как это вообще мыслить? Придётся… — потом, уже годы спустя.

---

* Рымбу, Галина. Ты — будущее. М., Центр Вознесенского, 2020. 222 с.

** В ночь с 5 на 6 июня.

* * *

18.06.2023

Кто-то сказал, что с помощью штыков можно сесть на трон, но на штыках нельзя сидеть.

Аналогично, намёками можно высказываться, но не получится разговаривать.

* * *

22.06.23

Здесь в Западной Германии, где мы теперь живём, можно иногда наблюдать уличные демонстрации — нет войне, нет поставкам оружия Украине, немедленные переговоры, примирение сторон и т. д. «Nie wieder!» («никогда больше!») и т. д. и т. п. Сегодня разговаривали с одним турком здесь в университете, исследует политику Турции в отношении Геноцида армян, дениализм и т. д. По поводу этой публики, в том числе. Он говорит, ну какое уже «нет войне», когда война началась, — она может быть закончена только военными методами, для этого нужно оружие и т. д. Говорит такими словами, которыми я бы сказал об этом. Я сказал: ты из общества, где насилие играет бо́льшую роль в политике и вообще в жизни, чем здесь, этим и подготовлен некоторые вещи видеть реалистически, видеть реальность.

* * *

24.06.2023

Государство — не ценность для многих русскоязычных интеллектуалов. Его как бы и не существует... «Государство» в массовом политическом воображении отождествляется с аппаратом, исполняющим волю Главного Начальника. А если начальник очень плох, то и гори всё синим пламенем!...

Я это знаю наверняка как раз из дискуссий в ЖЖ и фейсбуке, и из примитивности российского обществоведческого образования. Откуда бы и взяться чему иному!..

Это проявится сейчас вот в чём: как только Пригожин объявит* себя и своих уголовников силой «очищения России от путинизма» (если он этого не сделает, он точно проиграет, поэтому должен), он

---

* Речь идёт о т. н. мятеже ЧВК «Вагнер» (он же «мятеж Пригожина») 23–24 июня 2023.

73

встретит поддержку со стороны многих, и аргументы будут такие: (1) «всё равно хуже П-на ничего нет», (2) «это ведь настоящий народ идёт на кремлёвских», (3) «любая смута в России на пользу ВСУ», (4) «наконец-то Шойгу и пр. ворьё получат своё», и так далее.

Военный мятеж стилистически, как развивающийся сюжет, соответствует как раз этому *массовому политическому воображению, оставшемуся в точке неразличения государства, страны и режима (правления)*, т. е. где-то в XIX-м веке. Что в такой ситуации и остаётся, кроме как наблюдать за коммуникативными событиями, этими «катастрофами в воздухе».

* * *

24.06.2023

ЗАЧЕМ ЛИШАТЬ СЕБЯ УДОВОЛЬСТВИЙ? «Обобщения» — способность видеть в других только представителей, представительниц какой-то группы — очень привлекают ощущением волшебного ключа. Обобщение позволяет понимать собеседников (оппонентов) лучше, чем те сами себя понимают.

В конце концов, и не важно, что именно те говорят (или думают): распознаваемая типичность делает их высказывания (отношения) заведомо несамостоятельными. Зачем я буду тратить себя, вникая, что вы мне говорите, если я и так знаю, почему и к чему вы это говорите.

В конечном итоге, вы все такие; ну… не все, не будем обобщать, но большинство из вас.

Волшебный ключ, подходящий ко всем замкам, даёт ощущение власти (силы) и свободы. А что может быть привлекательнее. Поэтому призывы «не обобщать» в дискуссиях по принципиальным вопросам часто напоминают надписи «не курить» на стенах в таких местах, куда именно и идут покурить. Зачем лишать себя удовольствий?

* * *

29.06.2023

ЕЩЁ ОБ «ОБОБЩЕНИЯХ» В ОБЩЕНИИ. Их можно относить к таким тактическим приёмам общения, которые не позволяют продолжить это общение. То есть они его эффективно обрывают: простое обобщение не допускает ответа. «Вы это говорите поскольку вы — один из…» — тот, к кому так обратились, может ответить — «нет, я говорю это, потому что я так

74

именно так думаю», но на самом деле «обобщение» подразумевает, что такой ответ логически возможен. Содержательный ответ невозможен.

«*Разговор*» подразумевает стремление понять другого. Не в этом ли состоит «*принцип доверия*». В момент, когда в ход пущено обобщение, разговор прекращается, в глазах стороннего зрителя завершаясь риторической победой того, кто ловко его применил. И на этом всё.

Общение легко прерывается, оно «неестественно», вот чтобы его сохранить и продолжить, нужны намерение, усилия и практика. Для этого оно должно быть ценностью. Нужно «хотеть продолжать разговор», как говорил Александр Пятигорский. Можно заметить, что в нашей современной российской культуре угроза прекратить или разорвать общение используется так часто, что превратилась в расхожий риторический приём. Например, поэтому в социальных сетях можно наблюдать, скажем, эти бесконечные «лучше расфрендьтесь сами», или «забаню», и т.д. Это как раз оттого, что общение — это что-то вроде лишней «ресурсоёмкой связи». Незачем её беречь. «Обрезаю значит освобождаюсь».

От этого я перепрыгиваю сразу к тому, что придётся в какой-то период коммуникативные практики российские-то лечить... Человек живёт речью и в речи. От этого постоянного саморазрушения придётся переходить к другому, к выстраиванию и подержанию связей. Нужен такой «коммуникативный поворот».

x x x

03.07.23

В будущем сериале «Mr. Prigozhin» должна быть такая сцена. С массой историко-культурных реминсценций. Москва, Воробьёвы горы, на Смотровую площадку выпиливают три бронеавтомобиля с головорезами в камуфляже и полумасках с Kalashnikov'ыми и гранатомётами. С брони спрыгивает Mr. Prigozhin, окидывает взглядом Москву, оборачивается — а там его уже встречает делегация МГУ, сам г-н Ректор, первокурсники с цветами, две юные сотрудницы в праздничных нарядах и красных сапогах с каблуками по колено подносят на рушнике хлеб-соль. Медленно переводя взгляд с одного лица на другое, Mr. Prigozhin смотрит на праздничную делегацию, долго всматривается в приветливое лицо г-на Ректора, он и так не весел, а теперь заметно мрачнеет, поворачивается к своим и произносит: «Сейчас же уезжаем в Белоруссию!»

75

* * *

К УТОЧНЕНИЮ ПОНЯТИЯ ОТВЕТСТВЕННОСТЬ*. Думаю, что вообще мерой «ответственности» являются приносимые ею риски и потери. Это что-то, что после того, как «это» случилось, уже нельзя скинуть или отменить. Я думаю, реальная ответственность узнаётся по *открытости будущим неприятностям*. Этим она «обращена в будущее».

Она не просто спрашивает, «что ты будешь делать вот прямо сейчас». Она спрашивает — «что тебе за это будет, каким угрозам и рискам ты за это делание открываешься».

Иначе «ответственность» — это просто хобби. Иначе не найти принципиальных отличий между разными видами активизма — политическим участием, или, скажем, местным волонтёрством, или чем угодно ещё. Ответственность — это не то, от чего можно выйти в другую комнату.

Кто читал «В круге первом» Солженицына, наверное помнит, как там показано презрение солдат-фронтовиков к военным корреспондентам. Те тоже бывали на передовой, ходили в атаки и бывали под бомбами. Но они могли потом уехать в тыл, а обычные солдаты не могли. Поэтому к боевым заслугам военных корреспондентов относились, мягко говоря, с иронией.

Вот известная Екатерина Марголис, живущая в Италии, когда-то рассказывала, как она слушает сигнал киевской воздушной тревоги у себя дома, чтобы синхронно с киевлянами переживать это ужас. Но те, кто слушает этот сигнал в Киеве, должны по нему бежать в убежище, сейчас будет бомбардировка, они не могут его пропустить, поэтому не могут его попросту выключить… — а Марголис у себя дома в Италии вполне может. Выключит, не выключит — это её свободное решение, но от него для ней самой объективно не меняется

---

* Написано по поводу моего очерка 10.07.2023 «Почему противники войны не готовы признать, что несут за неё ответственность?» (10 июля 2023) // Важные истории. URL: https://istories.media/opinions/2023/07/10/pochemu-protivniki-voini-ne-gotovi-priznat-chto-nesut-za-nee-otvetstvennost/

ничего. В отличие от тех, кому услышать этот сигнал — вопрос жизни и смерти.

Поэтому я закончил этот очерк словами, что призывать к этому риску, к открытости неприятностям и т.д. могут те, кто говорит *делай как я*. Сколь угодно рационально ни рассуждай на эти темы, но в конечном итоге оказывается, что когда речь идёт о риске, об аффекте, о претерпевании — те, «за кем не могут прийти» думают о другом и заботятся о другом, чем «те, за кем могут прийти». Не буду называть имён.

Кому «ответственность» ничем не угрожает, то есть те, за кем, что они не делай, — «не придут», эти люди — они да, искренне переживают, хотят что-то сделать, ищут и находят для этого возможности. Но чем именно они платят за эту ответственность? Какими рисками и потерями? Если ничем, если для них это очень серьёзное хобби, то и отношение к ним соответствующее: как к людям, которые стремятся к благу моральной правоты (а это большое благо для человека — чувствовать моральную правоту), — но так, чтобы ничем за это благо не заплатить.

Испытать удобство, силу агентности без *тягот пассивности* (то есть фактически не состояться в качестве субъекта ответственности, а лишь сымитировать это, избегая сложностей).

* * *

14.07.2023

посвящено И. А. Забежинскому

ДВОЙНОЕ ПОНЯТИЕ «ОТВЕТСТВЕННОСТИ». Дискуссия (в в социальных сетях) по поводу моего прошлого текста позволила понять простую, как теперь кажется, вещь: слово «ответственность» означает в русском языке два типа рефлексивных отношений. Они противоположны, хотя оба предполагают осознанность и проектность.

Одно — ответственность как инициативное активистское принятие обязательств. Так в «ответственности граждан за...» и т.д. Оно подразумевает сущностно автономного (суверенного) субъекта и активизм, его/её воля направлена на действие в отношении других.

Другое — это ре-активное претерпевание формирующего воздействия извне. Его субъект принципиально не-автономен. Его/её воля направлена на раскрытие себя по отношению к действиям других. Это значение слова слышится в самой «ответ-ственности».

В «реальной жизни» мы имеем дело с обоими типами ответственности: скажем, с первым, когда по своему желанию вступаем в какую-то организацию, со вторым, когда узнаём, что у нас будут дети. «Активистское» понятие ответственности доминирует в нашей политической философии и культуре публичного общения (западной вообще, российской русскоязычной в частности). В то время как «пассивистское» представление о ней необходимо, чтобы понять, например, как возможны взаимопонимание и терпимость, т. е. диалог. Глубоко продумал их соотношение Ойген Розеншток-Хюсси, когда вывел этический принцип «Respondeo esti mutabor» («отвечаю, как бы не менялся»).

Нужно специальное исследование — каким образом два очень разных действия стали обозначаться в нашем языке одним словом.

Возвращаясь к тому же спору о «коллективной ответственности», которую я определяю теперь через понятие *причастности*: теперь можно сказать, что эти споры укоренены в расхождении представлений об «ответственности» как опыте.

Скажем, — совсем близко к нашему материалу — некоторые эмигранты прежних лет настойчиво требуют в разных медиа от россиян «признания коллективной ответственности» исключительно в позитивном, активистском смысле. Поскольку это фактически единственный опыт, который доступен им самим. Соответственно, эти их адресаты — «российские россияне» — очень скептичны к этим призывам, потому что для них актуален опыт такой ответственности именно как *претерпевания* (а оно, прямо сказать, травмирует). Дальше это различие получает моралистическую интерпретацию. И пошло-поехало.

* * *

31.07.2023

В фейсбучных и прочих дискуссиях часто встречаю я такое простое соображение: есть самоочевидные моральные истины. Они как «дважды два». Скажем, «нельзя убивать»; ну что тут ещё разъяснять, и если кто-то *это* не признаёт, т. е. не руководствуется этой истиной, значит, принял решение её не признавать. Но как так получилось, что самое важное для всех людей, — не важно для этих людей? Отсюда происходит естественный переход к моральному возмущению моральной непрошибаемостью (разумеется, непрошибаемостью «россиян», в *этих* дискуссиях речь всегда о них).

Но дело в том, что эти моральные истины всегда должны быть применены в конкретных обстоятельствах конкретной жизни. А в них люди руководствуются обязательствами, мечтами, страхами, долгом, фантазиями и т. д. Каждый и каждая сложным образом вплетён в ткань повседневности. В рутину. Именно её (рутину) разрушает авторитаризм — чтобы подчинить себе жизненные перспективы подданных, чтобы их поведение стало типичным и управляемым. Нужно сопротивление этому разрушению, но откуда же оно возьмётся?

Популярное в последнее время выражение «лишать субъектности» бессмысленно: «субъект» — не выключатель в стене, у которого возможны только два положения, чтобы его чего-либо лишать или не лишать. «Он» (субъект) сложно устроен: свобода принимать решения и воплощать моральные максимы на одном уровне или в одной сфере у людей «оплачивается» несвободой на других уровнях, моральные принципы конфликтуют, аффекты захватывают самосознание, и т. д. (Об этом хорошо писала в фейсбуке до ареста Женя Беркович).

Собственно, основная слабость проповедей самоочевидных моральных истин состоит в том, что их проповедницы и проповедники не просто далеки от ситуаций необходимости их применения, то есть от жизненно сложных, напряжённых ситуаций, — они откровенно *пренебрегают самим существованием этих ситуаций.* Эту слабость часто восполняют яростью. Вплоть до откровенной расовой ненависти.

Главная проблема морали — не формулировка морального принципа или закона (это несложно, и давно уже сделано). Но как он работает в реальной жизни повседневности. И как раз об этом участникам полемик про вину и ответственность оказывается нечего сказать. Они попросту вне проблем применения. Поэтому им как бы «всё ясно». И столько недоумения, куда эта ясность у других-то делась. (*Применение* здесь герменевтическое понятие).

Я верю, что сознания моральных истин самого по себе не достаточно. Что основу для сопротивления милитаризму, то есть самой войне, нужно искать именно там, в рутине, в повседневной жизни — в «достойной жизни» как ценности well-being. Что она фундаментально противостоит любой агрессивной войне. И что именно за неё сейчас сражаются граждане Украины и Армении.

ЛИТЕРАТУРА В СНОСКАХ

Винкельман А. Свободное высказывание // Перед лицом катастрофы: сб. ст. / под ред. Н. С. Плотникова. Berlin; Münster: LIT Verlag, 2023. С. 139–148.

Дугин А. Русская война. М.: Алгоритм, 2015.

Егоров А. Из цикла «Очевидные вещи» // Новый мир. 2010. № 7. URL: https://nm1925.ru/articles/2010/201007/iz-tsikla-ochevidnye-veshchi-60/ (дата обращения: 21.02.2024).

Зарипов И. Хорошие русские со сковородкой: Рунет о фотопроекте RELOCATED // Радио «Свобода»: сайт. 2023. 21 апреля. URL: https://www.svoboda.org/a/horoshie-russkie-so-skovorodkoy-runet-o-fotoproekte-relocated/32373298.html (дата обращения: 21.02.2024).

Зенкин С. Ремесло заложника // Перед лицом катастрофы. С. 27–34. URL: URL: https://theins.ru/knigi/259869

Морозов А. Ландшафт сейчас и после войны // COLTA. 2023. 12 сентября. URL: https://www.colta.ru/articles/specials/29726-aleksandr-morozov-uehavshie-ostavshiesya-perspektivy

Немцев М. Почему противники войны не готовы признать, что несут за нее ответственность? // Важные истории. 2023. 10 июля. URL: https://istories.media/opinions/2023/07/10/pochemu-protivniki-voini-ne-gotovi-priznat-chto-nesut-za-nee-otvetstvennost/ (дата обращения: 21.02.2024).

Немцев М. Зачем говорить о политическом зле сегодня?: онлайн-лекция // Либеральная миссия: открытый лекторий фонда. 2021. 3 апреля. URL: https://www.youtube.com/watch?v=B_GyTafe-gw (дата обращения: 21.02.2024).

Немцев М. Ю. Террор и речь. Тезисы 2023 года // KOINE Κοινὴ: the Almanac of Philosophical Essays. 2023. Essay 9. С. 165–176. URL: https://www.koine.community/mikhailminakov1971gmail-com/террор-и-речь-тезисы-2023-года/ (дата обращения: 21.02.2024).

Никитин Е. [Публикация] // NO WAR — ПОЭТЫ ПРОТИВ ВОЙНЫ. URL: https://nowarpoetry.com/authors/eugeny-nikitin/ (дата обращения: 21.02.2024).

Перцев А. «Вместе с Россией», но непонятно, почему // RIDL.IO. 2022. 18 августа. URL: https://ridl.io/ru/laquo-vmeste-s-nbsp-rossiej-raquo-no-nbsp-neponyatno-pochemu/ (дата обращения: 21.02.2024).

Рымбу Г. Ты — будущее. М.: Центр Вознесенского, 2020.

Сергейцев Т. Что Россия должна сделать с Украиной // РИА-новости. 2022. 03 апреля. URL: https://ria.ru/20220403/ukraina-1781469605.html (дата обращения: 21.02.2024).

Хархордин О. Обличать и лицемерить. Генеалогия советской личности. СПб.: Изд-во Европейского университета в СПб, 2002.

Эренбург И. О патриотизме (14 июля 1942) // Эренбург И. Война. Апрель 1942 — март 1943. М.: Воениздат, 2002. С. 164–170.

Ямпольский М. Режим имперской паранойи: война в эпоху пустословия // Re: russia. 2022. 26 декабря. URL: https://re-russia.net/expertise/043/ (дата обращения: 21.02.2024).

Ямпольский М., Немцев М. «Нам надо адаптироваться к жизни без истории»:

Михаил Ямпольский о современных режимах историчности: интервью // Гефтер.ру. 2017. 19 июля. URL: https://youtu.be/25hsLgdYaGE (дата обращения: 21.02.2024).

Luttwak E. Franco-German Reconciliation: The Overlooked Role of the Moral Re-Armament Movement // Johnston D., Sampson C. (eds.). Religion, the Missing Dimension of Statecraft. Oxford: Oxford University Press, 1994. P. 36–57.

Pynnöniemi K. (ed.) Nexus of Patriotism and Militarism in Russia: A Quest for Internal Cohesion. Helsinki: Helsinki University Press, 2021. URL: https://hup.fi/site/books/e/10.33134/HUP-9/ (дата обращения: 21.02.2024).

ЛИТЕРАТУРНОЕ ПРИЛОЖЕНИЕ

МЫ НЕ ГОВНО

I. ГОДОВЩИНА

ПО УБИТОЙ ВЕСНЕ
Мы идём в тишине.

Взвыть
хочется,
хи-хи.
Кхе.

++
НЕ ЗРЯ
Ваш сын, вождь сказал, умер не зря.
Што, правда не зря?
Сразу как-то легчает.
На душе.

И вообще.

28.11.2022

++
МЫ НЕ ГОВНО
Дед воевал на Луганщине,
отвоевался.

Внук воевал на Луганщине,
отвоевался.

А говорят, мы говно.
Мы не говно!

+ +

В РОССИИ НАДО ЖИТЬ ДОЛГО

Сидел.
Потом героем стал, грана-то-мёт-чиком!

Мужик!

+ +

ГОДОВЩИНА

Сначала-то как думал?

— Ну,
на пару месяцев.

+ +

УМЕР

Ждал, но

не дождался.

Кто-нибудь дождётся.
Кто помоложе:
сосед, сын.

+ +

[ПОДРАЖАНИЕ М. НИЛИНУ]

А этот-то?
Горе луковое!

Да и то, так сказать.

+ +

ВСПОМИНАЯ АКАДЕМГОРОДОК

Знал я одного мужчину,
он статьи научные писал,
вежливый, аккуратный,

84

текст

Черти!

… иду умываться.

++
СТЫД
— жжётся
        неисполнимый
                приказ.

++
ИЗ НОВЕЙШЕЙ ПОЭЗИИ
Был маленьким, мечтал, как на войну
пойду.
Вырос, и на войну
пошёл.

Ништяк!

++
DULCE ET DECORUM EST PRO PATRIA MORI
Почётно умирать за Родину,

и где-нибудь сгнить за Родину,

и разложиться.

++
ЭТО СЕКСУАЛЬНО!
В мокрых штанах,
с расцарапанной мордой посреди чужой деревни торчать, —
это сексуально!
Это свобода!

++
КАК В КИНО
Столько воображать не обязательно.
Крови, что ли
не видел?

И там она такая же.
Как нет?

++
УМНИЦА
Мама мне говорила:
как-нибудь всё равно перетопчешься!
Ты же умница!
А правда, как-нибудь да всё равно.

С этим, с этим.

++
ОН ИХ УБЕДИТ
И дети придут, и уставятся
взыскательно, и вопросят:
— папа! Как?
Ответит папа:
— мы были правы.

...Убедит!

2023

Содержание

Научно-популярное издание

Михаил Немцев

ТАК МЫ УЧИЛИСЬ ГОВОРИТЬ О СМЕРТИ.
ДНЕВНИК 2022–2023 ГОДОВ

Оригинал-макет Л. Е. Голод
Дизайн обложки И. А. Тимофеев

Подписано в печать 12.03.2024. Формат 60×90 $^1/_{16}$
Бумага офсетная. Печать офсетная
Усл.-печ. л. 5,5. Тираж 500 экз. Заказ № 3132

Издательство «The Historical Expertise»